「魔法のノート」シリーズ

夢を叶えるイメージマップの創り方

角谷 建耀知
kakutani kenichi

まえがき

「ついてない」「最悪だ」

この二つが昔の私の口癖でした。


誰にでも辛い経験はあるものですが、私は子どものころに仮面ライダーの真似をして事故に遭い、それが原因で半盲になってしまいました。

それからはどんなに頑張っても次から次へと失敗や裏切り、借金など悪い事が続き、苦しい日々の繰り返しでした。今、思えば自ら不運な道を選んで歩いてしまっていたのかもしれません。

そんな生きる気力をなくした私を助けてくれたのはアニメでした。

特にハマったのが、ヒーローだけどとても弱く、ラッキーだけで宇宙の平和を守る物語「とっても！ラッキーマン」（1994年〜1995年）。

そのアニメ放映中に発生した阪神・淡路大震災時には、当時運営していた店舗が崩壊するなど、何もかも失いました。どん底にいた私に、ある友人から「君は目が半分見えないから……と言うけど、まだ半分見えるじゃないか」と叱咤され、ハッとしました。半分しか見えないじゃない、まだ半分見える。自分よりもっと苦しんでいる人がいる。その日から、私はラッキーマンのように人を応援できる人になりたいと考えて行動するようになりました。

それがキッカケとなり、その後はラッキーな事が多く起こり、たくさんの夢が叶い、たくさんの目標を達成できるようになりました。

私は成功者ではありませんが、人の夢をお手伝いするのが得意になりました。

わかさ生活を設立した当時、大きな夢を持っていました。私と同じように目で困っている人のための商品を開発して、通信販売やサプリメント業界に新風を起こす。全国に愛飲者を拡め、10年で10万人の愛飲者と縁する。そう目標を立てて、がむしゃらに頑張ってきました。

その結果、10年後には２００万人以上の方と縁することができました。

ラッキーになれるようにという想いは、わかさ生活での社内挨拶にも込めています。

わかさ生活では「お疲れ様です」ではなく、「Ｈａｐｐｙ〜♪」と挨拶します。毎日「倖せかい」「倖せです」とポジティブな言葉を交わす方がよりラッキーになれると信じて挨拶しています。

他には、野球界の常識を変え、女子高校野球球児が甲子園大会で決勝戦ができるよう環境づくりにチャレンジしました。

子どものころ、遠い未来の夢だったロボット「鉄腕アトム」が、どんどん現実に近づいてきているように、マンガの世界が何十年後かに実現すると信じた私は、女子高生が甲子園を目指すマンガ『花鈴のマウンド』の連載を始めました。

「女の子だって甲子園！」というキャッチコピーを10年間言い続けたのです。

その結果、11年後の２０２１年４月28日に女子高校野球決勝戦の甲子園開催が決定しました。

周囲からは「予言者」と言われる事もありますが、10年計画をイメージして途中であきらめずにやり続けたから実現できたのです。やり続ける事が大事なのです。

高校野球１００年の歴史に新風を起こすこと。そして、野球をしたい女の子の夢のお手伝いができたことを嬉しく思います。

この本の中には『イメージマップ』というものが出てきます。

昔から「マインドマップ」ともいわれ、学校で習った人もいるかもしれません。

『イメージマップ』は夢を実現するために、目標達成のイメージを持って、忘れないように図に残すことが大切です。

頭の中でいいイメージを描き、目標を明確にして、それを具体化する癖がつけば道はシンプルになります。そのやり方を教えてくれるのが『魔法のノート』です。

この本では第一弾の「ダンス編」に続き、第二弾では「カレー作り」をテーマに、私の夢の叶え方を書いてみました!(^^)!

ブルブルくんが、いつの日か仮面ライダーや鉄腕アトム、それにラッキーマンのように誰かの〝夢の案内役〟になってくれればと思います。

皆さまにもラッキーが訪れますように。

登場人物紹介

錦野《にしきの》 蘭《らん》

グランメゾン錦野の若きシェフ
「マリアージュ・カレー」で
2年連続優勝を目指す

ブルブルくん

北欧から来た
ブルーベリーの妖精

香坂《こうさか》 玖実《くみ》

カレー研究会のリーダー
「Grandmaカレー」で
初優勝を目指す
喫茶こよみの孫娘

和多部《わたべ》 真吾《しんご》

女の子にモテたいチャラ男
食材を通じて本物を自分の目で
探すことで目つきが変わっていく

黄崎《きざき》 色葉《いろは》

カレー研究会のリサーチャー
研究熱心で何事もコツコツ
積み重ねていくタイプ

若菜《わかな》さん

青果店の店主

牛尾さん

精肉店の店主

米川さん

精米店の店主

おばあちゃん

香坂こよみ
喫茶こよみの店主
早朝から夜まで何
十年もお店を切り
盛りする心優しい
おばあちゃん

目次

まえがき …… 002
登場人物紹介 …… 006
第1章 一流になりたければ一流から学べ …… 011
第2章 イメージマップは『道標』 …… 053
第3章 前味・中味・後味 …… 085

第4章 「心のコップ」は上向きに …… 131
第5章 本物との出逢い …… 163
第6章 Oneチームで …… 187
京大カレー部おススメレシピ …… 228
あとがき …… 232

第1章

一流になりたければ一流から学べ

ここは都会の片隅にある星桜高校。

進学校ではないし、スポーツ校でもない、普通の男女共学の高校である。

少し変わっている点は、女子の硬式野球部というクラブがあることと、カレー部があるということ。

あ…部員は2年生が3人だけなので「部」ではなく「研究会」。その創設者がわたし、香坂玖実《こうさかくみ》。

あとの2人は黄崎色葉《きざきいろは》ちゃんと、和多部真吾《わたべしんご》。

色葉ちゃんは普段口数が少ないけど、研究熱心で知識が豊富な頼りになる存在。

真吾はチャラ男のような見た目だけど、真面目なところがあって、何より行動力がある。

わたしたち3人は入部したいクラブがなかったのと、昔から仲がよく、おばあちゃんの経営する喫茶店に入り浸っていたのもあって、自らカレー研究会を作ったのだが、カレーはもっぱら作るより食べる派。

そんな3人が教室で1枚のポスターを机の上に広げてジーッと見つめている。

《8月18日　洛央商店街〝食〟フェスタ　カレー大会　開催》

「ねぇ、この大会どうする？」

色葉ちゃんの一言に

「俺は食って、食って、食いまくってやるぜ！」

と真吾ははしゃいでいる。

ポスターを指したわたしは

「あのさぁ、わたしたちはカレー研究会よ。食べ歩きだけなんてできないでしょ」

「そうだね……」

わたしの意見に色葉ちゃんも賛成してくれる。

「まさか、出場すんのか」

黙っているわたしと色葉ちゃん。

「だ、誰が作るんだ？」

真吾の一言にお互いに顔を見合わせる。

「そうよね……3人とも料理はほとんどしたことないし……」

「だよな。じゃ、やっぱ審査員みたいに各店舗の品定めにまわって食べ歩くしかないな」

ハハハと笑う真吾。

その笑い声を遮るように、思わずバン！　と机を叩いて
「わたしが作る！」

と叫んでしまった。

えっ、と驚く2人に構わず、さらに続ける。

「わたしは洛央商店街〈喫茶こよみ〉の孫よ！」

「知ってる……」

と声をそろえる2人。

「ただ見てるだけ、食べ歩くだけじゃ近所に笑われる。そう、末代までの恥だわ！」

「でも去年のパスタ大会、玖実んとこの喫茶店も出店してたけど10位にも入れなかったじゃん」

大笑いする真吾にカチンときてしまったわたしは
「ばっちゃんの名にかけても勝ってやるわよ！」

と思わず叫んでしまっていた。

ポカーンとわたしの顔を見上げる2人であった。

次の日、わたしの熱意と気迫に圧倒された2人と一緒に、さっそく、大会に向けて実際にカレーを作ってみることにした。

「ええっと、牛肉、にんじん、じゃがいも、玉ねぎ、それとルー。準備はこれでいいよね」

それぞれの具材を大きめに切る。おばあちゃんのカレーは肉じゃがのような大きめの具材が特徴だ。

「さぁ、作るよ!」

作り方はルーのパッケージを見れば大体分かった。

まずお鍋で牛肉と玉ねぎをザーッと炒める。そして牛肉に完全に火が通ったころ、にんじん、じゃがいもを入れてさらに炒めていく。

「こんなものかな」

いい匂いがし始めたタイミングで、お鍋に水を入れる。

分量が書いてあったけど、たくさん作るから多めでいいだろう。

水が沸騰し始めたら、ルーを投入だ。

しばらく待っていると、徐々にカレーの匂いが漂ってくる。

「んー、まぁこんなもんか。けっこう簡単じゃない」

お皿にご飯を半分、ルーを半分の割合で入れる。

「おーいい匂いしてるじゃん」

真吾が待ちきれないといったふうにスプーンを握り締めて言う。

「じゃあさっそく」

「「いただきまーす！」」

みんなが一斉にカレーを口に運んだ！


「！……じゃがいも…かた…」

「何だこりゃ……」

「うわっ、味うす…」

わたしたちが想像していた、いつも食べているカレーとは全く違う味だった。

作る途中で変なことはしていないのに……

わたしたち3人はがっかりしてスプーンを置いた。

全然おいしくできなかった。どうしてだろう……

「はーあ、やっぱり俺たちには無理なんだって！　おとなしく食べて回るだけにしようぜ、玖実」

へらへらしながら言う真吾。

「何言ってんのよ！　そんなのダメ！」

「そもそも俺たちが大会に出ようってのが無茶な話なんだよ」

「そんなの決めつけないでよ！」

言い合いになるわたしと真吾を交互に見ながら、色葉ちゃんが不安そうにしている。

「俺らができないことをやっても結果は見えてるだろ！　料理部みたいにもっとしっかりしてたらよかったのかもな！」

真吾の言葉についカッとなって
「何よ！　そんなに言うならここじゃなくて料理部に行けば!?」

と言ってしまった。

「……あっそ、分かったよ！　じゃあな！」

不貞腐《ふてくさ》れた様子で真吾が出ていく。

「真吾くん…」

色葉ちゃんが真吾の出ていった教室の扉を見つめながらぽつりとつぶやいた。

教室を出て、
少し言いすぎてしまったかもしれない…

いや、でも…

なんて考えながら昇降口へ歩いていく。

下駄箱まで来ると、誰かが立っている姿が見えた。

「げ…」

そこには…

蘭ちゃんがいた。

錦野蘭《にしきのらん》ちゃん。この学校の料理部エースで、高級フランス料理店〈グランメゾン錦野〉の一人娘。

巷では〝女子高生シェフ〟と呼ばれていて、学校内でも一際目立つ子だ。

去年の洛央商店街〝食〟フェスタ　パスタ大会の優勝者でもある。

…というかまずい。非常にまずい。

最悪なタイミングで蘭ちゃんと出会ってしまった。

顔を合わせるたびに、彼女はわたしたち研究会…いや、わたしに突っかかってくる。

今までに起こった数々の出来事を思い出してしまい、思わず顔をしかめる。

今ここで絡まれるわけには…

と、すかさずUターンしようとした……のだが

「…あらあら」

時すでに遅し。

いい獲物を見つけたと言わんばかりの笑顔で近づいてくる蘭ちゃん。

もう気味が悪いほどニッコニコである。

「誰かと思えば…カレー研究会の香坂さんじゃない。聞いたわよ、あなたたちも今年の〝食〟フェスタに出場するんですってね」

あなたたち、〝も〟？

「…っていうことは」

「ええ。今年のカレー大会、わたくしの父のお店グランメゾン錦野も参加しますわ。去年同様、わたくしのお店が優勝でまちがいないでしょうね」

笑みを浮かべた蘭ちゃんが口を開く。

「なっ！　そ…そんなの、やってみないと分かんないじゃん！」

いつものように蘭ちゃんの言葉に反抗してしまう。

「実力もないのにやる気だけは旺盛…あなたみたいな人が、わたくしのお料理に勝つなんてできっこないわ」

蘭ちゃんはちょっと上から見下ろすような感じでそう言った。

「う……ッ」

言い返せないわたしに、彼女は「まあ、せいぜい頑張るといいわ」なんて不敵に笑いながら昇降口を出ていく。

くすくすと笑う蘭ちゃんの声が、わたしの頭にずっと残っていた。

家に帰る途中、わたしの心はモヤモヤしていた。

カレーが上手く作れなかった。

真吾は怒って出て行ってしまった。

蘭ちゃんには負けたくない。

でも今のままじゃ到底かなわない。

研究会の創設者としても、おばあちゃんの孫としても情けない。

しょんぼりとしながら家に辿り着いた。


「……ただいまー」

「おかえりー、玖実。ご飯は？」

リビングからお母さんが声をかけてくれる。

「食べてきたから、いらない」

「え、そうなの？　連絡ぐらいしてよー」

「あ、ごめんね。これ、お土産」

「何？　あ、おばあちゃんとこのカレー？」

「うん……まぁ、そう」

「あら、じゃあこれいただいちゃっていいかしら。ありがとー」

はぁい、と生返事をして、わたしは2階にある自分の部屋に向かい、部屋に入ってすぐ、勢いよくベッドに飛び込んだ。

1階から「何これ!?　おばあちゃん失敗したやつ押し付けた!?」というお母さんの声が聞こえた。


はぁ、とため息をつく。

「何が違ったのかなぁ……いつも食べてるのと……」

今までおばあちゃんにも、お母さんにも、料理をちゃんと習っていなかったのが悔やまれる。

食べることは大好きなのにな。

しかし、くよくよしていても仕方がない。自分で言うのもなんだが、わたしはどちらかというと能天気で、頭より先に体を動かすタイプなのだ。

よく言えばポジティブなのである!

「ま!　初めてだしこんなもんか!」

そうよ、自分には料理スキルが足りないだけ！

「今日は実力が分かった日、やったってわけや」

そう、実力がはっきりと分かっ……ん？

今なにか、わたしの心の声が聞こえたような……

「『ま、気のせいか……そんなホラーみたいなことないって』」


「って思ったらあかんで？」


「だ、誰!?」

気のせいじゃない!!　確かに誰かいる！

バッとベッドから飛び降り、周りを見回す。特に変わったところはない、いつもの自分の部屋だ。

ババッとベッドの下を確認する。何もない。

ババババッとクローゼットの中を確認する。何もない。

「いったい何が……どこに……出てきなさい！」

「そんな、悪役探すみたいに言わんといてぇや。ボクは悪いヤツやないで」

声がした方をふりかえると、机の上にはノートや教科書などの勉強道具。おばあちゃんと撮った写真と、昔喫茶店に飾っていた小さなぬいぐるみ。そして、スマホが置いてある。

もしやスマホが誰かに乗っ取られたのだろうか!?

急いでスマホを手に取ると、たくさんのメッセージの通知が溜まっていた。

なんとなく目で追ってしまう。ぬいぐるみもひょこっとスマホを覗いてくる。

「おー、玖実、人気モンやな、めっちゃメッセージ来てるやん」

「うーん、便利だけど面倒なんだよね～…ってうわっ!!」

驚いたわたしは思わずパシーン！　と一緒にスマホを覗き込んでいるぬいぐるみを手で払ってしまった！


「ぎゃーー!?」

ビューン！　ポテン！　コロンコロン……

と、ぬいぐるみが宙を舞い、壁に当たって床に転がった。

心臓がドキドキしている。今、あのぬいぐるみがしゃべってた……!?

「うわぁー……びっくりしたな……すごいスピード感やった！　ジェットコースターってこんな感じなんかな、乗ったことないけど」

おもろいなぁ、と言いながら、ぬいぐるみがピョコっと立ち上がった。

やっぱりあのぬいぐるみがしゃべっている。しかも、動いている!!

「何あんた!?　なんでしゃべってるの！　怖いからこっち来ないで!!」

「そんな怖がらんといてぇな。驚かしてごめんごめん。いやー、玖実が悩んでるから、ついついお手伝いしてあげたくなってな。満を持しての登場や」

「満を持してって……わたし、あんたのこと知らないんだけど……」

「ボクのこと知らんの!?　ずっと一緒におったやんか！　切な！　めっちゃ切な！」

「いやあんたぬいぐるみでしょ!?　飾ってはいたけど、知らないし！　急に動いたりしゃべられたりしたらビビるって！」

「はぁー、切なすぎて目がかすんでくるわ……ブルーベリー食べよ」

「いやちゃんと説明してよ！」

「うーん、さすが元気満点やな！　それでこそ玖実や！」

「あんた、わたしの何を知ってるのよ……てか、あんたなんなの？」

ドッと疲れてしまい、言葉に力がなくなってきてしまった。


「ほな、自己紹介からやな」

そんなわたしを見上げながら、ぬいぐるみがビシッとポーズを決める。

「ボクの名前はブルブルくん。フィンランドからやって来ました。フィンランドへ行ったら、北の端っこラップランドへ行ってください。そこの森の中にたくさんある、可愛い可愛いブルーベリー。その可愛いブルーベリーの妖精、それがボクや。覚えといてや！」

「ブルーベリーの妖精……？」

「そうや。フィンランドへ行ったら、北の端っこラップランドへ行ってくだ……」

「いや、その辺はいいから！」

まじまじと、そのブルブルくんとやらを観察する。

野球ボールくらいの大きさ、紫色の丸いからだ。ぴょこんと生えた緑色の手足。

そして、ドーンと大きな目がふたつ付いている。

一度見たらなかなか忘れられないインパクトのある姿だ。

「えぇぇ……しゃべってる……動いてる……」

改めて考えても、とても現実とは思えない。

「そりゃ、しゃべるし動くよ。ボクは本物のブルブルくんやからな！」

……ニセモノがいるんだろうか？

「いや、もう、まぁ、いいや……特に害はなさそうだし……」

わたしはこのブルブルくんという存在に疑問を持つことを諦めた。たぶん、何を言ってもこんな感じのやり取りが続くことになるのだろう、と感じたからだ。

「お、玖実、普段なら〝諦めたらそこで試合終了や！〟って言うところやけど、ボクに関してだけはその判断、正解や！」

なんか心読まれてるし……

「もういいや……で、ブルブルくん、だっけ？　あんたはなんで急に動きだしたの？」

「ボク？　ボクは玖実のお手伝いに来たんや」

「お手伝い……って、なんの？」

「なんの、って、玖実、今めっちゃ悩んでたやん。カレー作りが上手くいかなかった。大会で〝本物のカレー〟を、出したいって」

「ちょ！　なんでそんなことまで分かるの？」

「分かってまうねんなー、ボクくらいになると」

なかなか厄介な存在だ。

「ボクはな、大きな夢とか、人のために何かしたいとか、あったかいエネルギーがグルグルしてるところに吸い寄せられるんや。その時、ざ～っくり話が分かんねん」

「何その都合のいい能力……」

とはいえ、今は悩みを分かってくれる存在はありがたい。

「じゃあ、わたしがやりたいこと、叶えたい夢にブルブルくんが吸い寄せられたってこと？」

「せやな！」

「ってことはもしかしてあんた、願いを叶えてくれるの？」

「いや、そんなことはあらへん。ボクはただのブルーベリーの妖精やからな。願いが叶うかどうかは本人次第や」

「な〜んだ、使えないの」

「使えへんとはなんやー！」

なんだか、すごく話しやすい。

わたしは、なんとなくブルブルくんに話をしてみたくなった。

「ねぇ、ブルブルくん。わたし、今すっごい夢があって、やる気満々なんだけど、ちょっと話を聞いてくんない？」

「お、ええで！　ボクはそういう話が大好物なんや！」

わたしは研究会のカレーに対する情熱や、今回の大会に関する話、自分が考えていることなどを、ぜーんぶブルブルくんに打ち明けたのだった。


「なるほどな、嫌っちゅ〜くらい、玖実のカレーへの愛が伝わってきたわ」

ブルブルくんがふぅ〜、と息をつく。

「だって、本当に好きなんだもん」

わたしとしては、まだまだ伝え足りないくらいだ。

ブルブルくんがニコっと笑って言う。

「【好きになることは情熱を持って取り組むための原動力】やから、大きければ大きいほどええ。好きがたくさん集まれば、それは人の心を動かすチカラになるからな」

「なんかそれ、分かる。わたし、おばあちゃんのカレーが好きすぎて研究会まで作っちゃったし」

「ほなまず、何からすればええやろなー？　な、玖実？」

「うーん、それが分かれば、苦労しないよ」

「んなことないがな！」

ブルブルくんが急に大声を上げる！

「人間ってのはな、やらない理由を探すのがホンマ上手いんよ。よく分からない、とか、難しいから、とか言うてな。でもな、そんな複雑に考えんでええねん。プロ野球選手かて、まず、ボールとグローブを持って練習することからスタートや。日本地図を作った伊能忠敬かて、ようは最初は鉛筆と紙を持って歩き始めただけや。目標さえ決まったら、あとはやる事はシンプルに。で、目の前の、できることから始めたらええんや」

シンプルに、できることから始める……

「研究会カレー第一弾は失敗したから……次は改良かな」

「おお、ええやん！　どないするんや？」

「うーん、じゃがいもも、にんじんも、芯が残ってて硬かったし……とりあえず、スマホで調べてみよ……」

「玖実、ひとつヒントやるわ」

スマホの画面からブルブルくんのほうに視線を移すと、ブルブルくんは指を一本ピッと立てて言った。

「**【一流の視点】**を学ぶんや」

「一流って……」

「一流を目指す人は、普通の人が見てへん、はるか高い所を見てるんや。目指すところが異なれば、叶うものも全然違ってくる。目標は高ければ高いほどええねん。たとえどんなに苦労があっても、強い気持ちがそれを超えさせてくれる。せやから一流になりたければ、一流から学ぶんや」

そりゃ、できるならいいものを作りたいと思うけど……そう言われると急にハードルが高く感じる。

躊躇《ちゅうちょ》するわたしの心を読んだのか、ブルブルくんが続ける。

「なんや玖実、じゃあ二流、三流のカレーでみんなが喜んでくれると思っとるんか？」

「……うっ……、それは…」

「せやろ？　やったら、目指すのは一流や。少なくとも、一流から学ぶって姿勢やないと難しいで」

一流から学ぶ、と言われてもどうすればいいのか、すぐには思いつかなかった。でも、スマホであれこれ調べるだけでは、ブルブルくんが言うところの一流には近づかないような気はした。

「うーん、一流のお店とか、高級レストランとか調べて、バイトにでも行けばいいのかな」

ぶつぶつと〝一流〟について考えているわたしを見て、ブルブルくんはきょとんとしていた。

「なーにを言っとるんや。玖実の近くに、一流のカレーを作る人がおるやんか」

……はっ、とした。

「……おばあちゃん……？」

身近な存在過ぎて、すぐには思いつかなかった。

「せや。商店街でも有名で、玖実や商店街のおっちゃんたちを虜にし続けている、一流のカレー職人やん。もう30年近くやってんねやろ？　30年も潰れずにやってるって、めっちゃすごいことやで」

確かに、改めて考えるとすごいことだった。

「……でもわたし、おばあちゃんにそんなお願いしたことないし、わたしの作ったものなら何でも褒めてくれそうだし……優しすぎて、なんだかちゃんと教わるのは難しいかも……」

素直な気持ちをブルブルくんにぶつける。

「まーそりゃ、おばあちゃんにとっては、可愛い可愛い孫が頑張ったもんならなんでもおいしいやろしな。そこはしゃーないわ。そういう時はな、やり方を変えるんや」

「やり方を変える？」

なんだかワクワクしてきた。

ブルブルくんと話していると、新しい考え方を知ることができたり、どんどん挑戦する気が湧いてくるから不思議だ。

「そう……まったく新しいやり方や……それは……」

ブルブルくんが、次に何を言うのか。わたしは、ごくり、と唾を飲み込み、その言葉を待った。

「早寝早起きや！」

がくっ、と力が抜ける。

「えっ……どういうこと？　いやいや、早寝早起きしてもカレー作りは上手くならないでしょ⁉」

ブルブルくんに詰め寄る。あれ、もしかしてわたし、からかわれてる？

「はっはっはっは、待て待て玖実。ちゃんと理由があるんや」

ブルブルくんは笑いながら手を振って言った。

「明日は、４時に起きるで」

「………４時……って朝の４時!?　それ、ほとんど夜じゃん！」

「せや。で、４時半には出発や」

「ええっ!?　そんな早い時間にどこ行くの!?」

話についていけない。４時なんかに起きたことはないし、そんな早朝にどこに行くというのだ。

「どこって玖実……決まっとるやないか」

ブルブルくんがニヤリと笑って、言った。

「喫茶こよみやがな」

《ブルブルブルブルブル!!　ブルブルブルブルブル!!》

「うわぁ!?」

なになになに!?

突然の音に強制的に起こされたわたしは布団と一緒にバッと起き上がる。

《ブルブルブルブル!!　ブルブルブルブル!!》

……ブルブルくん!?

急いで周りを見回すけれど、あの紫色のぬいぐるみはどこにもいなかった。

バタバタと音の発生源を探すと、わたしのスマホだった。いつの間に目覚まし時計のメロディを変えられたのだろう……というか、この声はいつ録ったの!?

スマホには付箋が貼り付けられており

《玖実が寝ぼすけさんやから、先に行きます　byブルブルくん》

と書かれていた。

寝ぼけた頭では考えがまとまらない。アラームを止めて時計を見ると《04：30》と表示されていた。

「やっぱ!?　なんでブルブルくん先に行くの!?」

急いでベッドから飛び降りて着替えをする。

カバンなんかは寝る前に用意してあったので、準備はすぐに終わった。

昨晩、ブルブルくんに

「喫茶こよみに何しに行くの？」

と聞いたにもかかわらず

「ナイショや、ナイショ〜。明日のお楽しみや」

と、じらされてしまったので、何をしに行くのか、何があるのかも分かっていないが、とりあえず行かなければ。

お父さんとお母さんを起こさないように、そーっと家を出て自転車で商店街に向かう。

いつもは学生やサラリーマン、主婦が行き来している住宅街から商店街への道は、誰もいなくて、なんだか世界に自分ひとりみたいでワクワクした。

そんな気持ちで自転車を漕ぎ、商店街に入って少し走るとおばあちゃんの喫茶店が見えてくる。

「あれ？　もう電気ついてるじゃん」

ブルブルくんだろうか。ぬいぐるみひとりで電気をつけるなんて贅沢なやつである。

そのまま喫茶店の前に自転車を停めようとした時
「玖実ー！　こっちや、こっち！」

と、反対側の曲がり角からブルブルくんの声がした。

「ちょっとブルブルくん！　なんで起こしてくれないの！　ひどーぃ！」

そう言いながらブルブルくんのところに行って自転車を停めた。

「はっはっはっは、玖実の本気を試したくてな。それに4時に起きひんかったし」

「うっ……だって4時起きなんて初めてで……ってか何あのアラーム音！　いつの間にあんなことしたの!?」

「玖実がちゃーんと起きられるようにと思ってな。心憎い気配りやろ？」

しばらく頭から《ブルブルブルブル!!》という音が離れそうにない。

「それより、電気。つけっぱなしで出てきたの？　ダメでしょ」

改めて注意をする。するとブルブルくんは
「ちゃうねん。あれボクやないで。ボクまだ喫茶店入ってへんもん」

「え、ウソ？　じゃあ誰……もしかして、泥棒!?」

おばあちゃんの喫茶店に盗みに入るなんて絶対に許せない！　警察に突き出してや

る！

わたしは喫茶店に向かって一気に駆け出した！

「ちゃうちゃうちゃうちゃう!!　ストップ！　ストップや玖実！」

「じゃあ誰よ！　何かあったら承知しないわよ！」

「大丈夫！　大丈夫やから！　ホンマ猪突猛進やな。まあええわ。窓からこっそりキッチンのほう覗いてみ！」

何をのんきなことを……と思いながらも、窓の下から、スッとキッチンを覗いてみた。

「……あれ、おばあちゃん？」

なんと、お店の中にいたのはおばあちゃんだった。

「こんなに早くに……何してるの？」

頭の中が疑問でいっぱいだった。喫茶店が開くのは7時、あと2時間もある。なのに、何をしているのだろう。

「よう見てみ？　シンクの上、何置いてる？」

シンクの上……

「あれは……玉ねぎ？」

おばあちゃんは、大きなボウルに山盛りの玉ねぎを刻んでいた。

「あんなにたくさん……何に使うんだろう……」

「ま、本人に聞いてみたらええんちゃう？」

ブルブルくんはそう言うと、喫茶店のドアを開けた。《カランコロン》と喫茶店のドアベルが鳴る。

「えっ！　そんな急に!?」

「最初っから普通に入るつもりやったわ！　玖実が勝手に泥棒!?　って暴走しそうやったから止めただけや。ほな、あとはおばあちゃんと2人水入らずで～」

「えっ!?　ちょっと!!」

と焦っている間にブルブルくんはぬいぐるみに戻っていた。

ドアベルの音に気付き、こちらを向いたおばあちゃんがわたしを見て、少し驚いた顔をした。

「…おはよう、おばあちゃん」

と、声をかけた。

「……おや、玖実ちゃん、どうしたんだいこんな早くに？」

どうしたもこうしたも、まさかこんな時間にここでおばあちゃんに会うことになると思っていなかったわたしは、頭が真っ白だった。

「お、おばあちゃんこそ、何してるの？」

とりあえず何か言わないと！　と思ったわたしのテンパった頭は
「あたしかい？　あたしは今日のカレーの下ごしらえだよ」

という、おばあちゃんの言葉でリセットされた。

「……下ごしらえ？　こんなに早くから……？」

「そうだよ」

おばあちゃんが大きなお鍋で玉ねぎを炒めている。

と、おばあちゃんが手を滑らせて、持っていた木べらを床に落としてしまった。

「あ痛たたた」

「おばあちゃん！　大丈夫!?」

わたしはおばあちゃんに駆け寄った。

「こんな時間から、無理しないで！」

「ありがとう玖実ちゃん。でも無理なんかしてないよ。毎日やってることさ。でも、最近は腱鞘炎《けんしょうえん》で手首が少し痛くてね……」

「毎日!?　とにかく今日はわたしが手伝うから、教えて」

わたしはサッとお鍋を支える。

「!!」

想像以上の重さに驚き、思わず両手でしっかりと取っ手を握りなおす。

「玖実ちゃん、大丈夫だよ」

しかし、わたしは「ううん、いいの」と言ってゆっくり鍋をコンロに置きなおした。

なぜだかこのお鍋と玉ねぎに、とても大切なことが詰まっていると感じたのだ。

わたしは、おばあちゃんの目を見つめて言った。

「おばあちゃん、お願いがあるの。わたし、カレー大会に出たい」

「カレー大会って、夏にある商店街のかい？」

「うん、そう。……それでね、この間作ってみたけど、ぜんぜん上手く作れなくて……どうしたらいいか分からないの」

おばあちゃんは黙って聞いている。わたしはもう一度おばあちゃんの目をしっかりと見て続けた。

「わたしね、おばあちゃんみたいに、みんながおいしいって喜んでくれるカレーを作れるようになりたい！　だから、おばあちゃんの作り方を知りたいの。お願い、手伝わせて」

おばあちゃんは少しの間、無言で考えている様子だったが、やがて、ふっと微笑んで

「そうかい。じゃ、お願いしようかね」

と言ってくれた。

お鍋いっぱいの玉ねぎを黙々と炒めていく。

「もっと優しくね……あ、ちょっと火力が強いね……」

おばあちゃんが時々アドバイスをくれる。いつもの優しいおばあちゃんだ。だけど、今は不思議な緊張感があった。

ちゃんと見てくれている。ちゃんと教えてもらっている。そう感じられた。

気が付くと、1時間が経っていた。

「お、おばあちゃん、これでいい……？」

腕がプルプルしていた。

おばあちゃんはこれをずっとやってきたのかと思うと、心の底から尊敬の気持ちが湧いてきた。

おばあちゃんはジーッとお鍋の中の玉ねぎを見たあと、

「……そうね。いいアメ色だね」

と微笑み、

「玖実ちゃんは、料理上手だよ」

と褒めてくれた。

それまでの疲れが吹っ飛ぶような嬉しさがこみ上げた。

「あ、ありがとう！　でも、まだこれ、下ごしらえなんだよね……」

これから、まだどんなことがあるんだろう、と思っていると、おばあちゃんが静かに言った。

「これが、おばあちゃんが30年続けてきたことだよ」

「……え、どういうこと？」

おばあちゃんはゆっくりと話し続けた。

「この、1時間ゆっくりと炒めた〝アメ色玉ねぎ〟の旨味のベースが、あたしのカレーの秘密だよ。これができたら、あとはお肉、じゃがいも、にんじんと、もう1回別の玉ねぎを少し大きめに切って、煮込むのよ。とろ火で、グツグツとね」

これが、わたしにとって世界一の、おばあちゃんのカレーの秘密。一流のやり方。

いつも気軽に食べていたけど、こんなに手が込んでいたのだ。知らなかった。

「具材のお肉やじゃがいも、にんじん、それにお米も、このカレーに一番合うものを選んでいるんだよ。ほら、いつもこのお店に来る3人衆がいるだろ」

あぁ…青果店の若菜さんと精肉店の牛尾さん、精米店の米川さんのことか。地元でも評判のお店ばかりだ。


ゴーン、ゴーンと壁にかけている時計が鳴った。

気が付けば7時になろうとしていた。

来た時には暗かった空はもう明るくなっており、窓からは朝日が差し込んできている。

そこから、お肉、じゃがいも、にんじん、玉ねぎを改めて炒め、さっき作ったアメ色玉ねぎを入れ、お水とルーを入れ、更に1時間近くとろ火で煮込んで
「うん、完成だね。玖実ちゃん、よく頑張ったね」

大好きな、おばあちゃんのカレーの匂いがする。

わたしはふらふらとキッチンを出てカウンター側に回り、ドスン、と勢いよく椅子に座った。

つ……つ……

「……つっかれたぁ〜〜〜!!」

お腹の底から声が出た、と同時に
ぐぅぅ〜〜〜〜〜〜〜

と、大きな音でお腹が鳴った。

かれこれ2時間くらい立ちっぱなしで、何も食べずに作っていたのだ。それはお腹も空くはずだ。

おばあちゃんがスッとお茶を出してくれた。

「玖実ちゃん、自分で作ったカレー、朝ご飯として食べてから学校に行きなさい」

おばあちゃんはそう言って、お皿に盛った白いご飯に、さっきまでわたしが作っていたカレーを回しかける。

そして、スプーンを添えてわたしの前に出してくれた。

カレーは朝日を浴びて、いつも以上に輝いているように見えた。

「うん。ありがとう」

わたしはスプーンを手に取る。


昨日の記憶が蘇った。

意気揚々と作った、カレー研究会のカレー第一弾。

自信はあったのに、ひどい結果だった。

いつもあんなに好きだ好きだと言っていたのに、実は何も分かっていなかったのだ。

でも、今日はおばあちゃんに秘密を教えてもらって、時間も、手間もかけて作ったこのカレーだから、上手くできているはずだ……いや、上手くできていて欲しい。

……おいしくなかったら、どうしよう。

ただ、カレーを食べるだけなのに、すごくドキドキしてきた。

いつもなら考えないようなことが、グルグルと頭の中を回り始め、なかなかスプーンを動かすことができない。

なんだか、泣いてしまいそうだ。

そんな時
「……さ、玖実ちゃん。どうぞ、召し上がれ」

おばあちゃんが、優しく声をかけてくれた。

顔を見なくても、おばあちゃんが柔らかい笑顔を浮かべていることが分かる。

わたしは意を決して、カレーをすくい、ゆっくりと口に運んだ。

ゆっくり口を動かし、味わいながら食べる。

おばあちゃんが、何も言わずにこちらを見ている。

「……おいしい……」

わたしが世界で一番好きな、おばあちゃんのカレーの味だった。何故か、涙がこぼれてしまう。

わたしは、ポロポロと涙を流しながら次々と口に入れていった。

よかった……

本当によかった……

感情が溢れ出てなかなか涙を止めることができなかった。

そんなわたしを、おばあちゃんは何も言わずに微笑みながら見守ってくれている。

「……おばあちゃん……ありがとう……！」

食べ終えたわたしは、涙をぬぐい、おばあちゃんにお礼を言った。

「おばあちゃんのおかげで……とってもおいしいカレー、作ることができたよ……！」

「ううん、玖実ちゃんが頑張ったからだよ」

そして、おばあちゃんも一口、わたしが作ったカレーを食べてくれた。

「ホントに、本当に、おいしいね。おいしいよ、玖実ちゃん。ありがとう」

おばあちゃんが、わたしの方を向いて、目を見てゆっくりと言った。

「でもね、玖実ちゃん。これはね、あたしが作ってきたカレーだよ。玖実ちゃんは大会に出るんだよね。だから、ここからは、自分の頭で考えて、おばあちゃんを超える玖実ちゃんのカレーを作るのよ」

優しい、だけど力強い、わたしへの期待を込めた、おばあちゃんの言葉だった。

「わたしのオリジナルカレー……うん！　やってみる!!」

わたしは、体の奥底からやる気がみなぎってくるのを感じた。

キッチンには、朝日が強く差し込んでいた。

ブルブルくんの教え

- 好きになることは情熱を持って取り組むための原動力
- やることはシンプルに
- できることから始める
- 一流の視点を学ぶ

一流の視点を学んでめっちゃ成長したな！　このまま目標に向かって進んで行くで～

第2章

イメージマップは『道標』

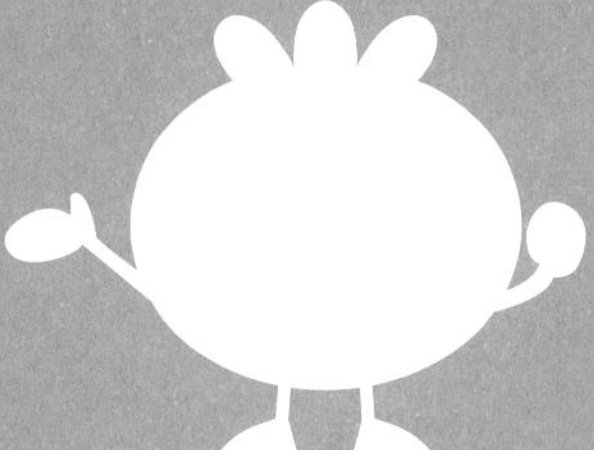

「あ、玖実ちゃん、おはよう」

「おはよう色葉ちゃん」

昨日、おばあちゃんのお店で教えてもらったことを色葉ちゃんに話しながら、学校まで歩いていく。


校門に近づくと、ワイワイガヤガヤと生徒が集まっていた。

「今日は創立記念日だから賑やかだね」

「ウチの創立記念日、生徒がイベントしたりして結構盛り上がるからね」

「そうだね！　確か去年もやってたよね」

なんて話をしていると、聞き覚えのある声がしてきた。

「どーもー！　みんな、今日のお昼楽しみにしててねぇー！」

真吾だった。

手に沢山のチラシを持って、校舎に向かう生徒に配っていた。

よく見ると、女の子ばかりに配っている。

分かりやすいヤツである。

わたしと色葉ちゃんは真吾以外の人からチラシをもらい、見てみると、チラシには
ドーンと《錦野蘭、待望のカレーデビュー！》と書かれていた。
演歌歌手だろうか。
それより真吾のヤツ、本当に蘭ちゃんを手伝うなんて、わたしたちに対する裏切りじゃない！

「それにしても学校でお店を出していいの？　許可は取ったのかなぁ」

すると他にもチラシを配る生徒を指さしながら色葉ちゃんが言う。

「他にもパンとかオムライス、焼きそばなんかもお昼とか放課後に広場でお店を出すから、問題ないみたいだね」

「そうなんだ……でも『待望のデビュー！』なんて、蘭ちゃんってやることが派手だよね」

蘭ちゃんのチラシに目を戻し、色葉ちゃんがポツリとつぶやく。

「《あなたとわたしのエンゲージメント！〝マリアージュ〟》だって」

「何それ？」

エンゲージメント……？　マリアージュ……？

さっぱり分からない。

「確か……マリアージュはフランス語で、〝結婚〟って意味だったかな……」

「色葉ちゃん、詳しいね！　なんだか意味深……！」

「あっ……昔、ちょっと調べたことがあって……」

色葉ちゃんが顔を赤くしている。

「でも結婚とカレーって、意味がよく分かんない繋がりだね……どういう事なんだろう……」

「まぁ、確かに気になる……よし！　わたしたちもお昼に食べに行こう！　ライバルの味を知るチャンスだしね！」

わたしはチラシをカバンに詰め込み、色葉ちゃんと一緒に校舎に入っていった。

昼休み。

授業が終わり、まっすぐ広場に向かうと、すでに生徒で溢れかえっていた。

よく見ると生徒たちだけでなく、商店街のお店も出店している。

生徒たちがメインのブースでは、火を使うこともあるからか、先生たちも手伝っている。

オムライス屋、パン屋、焼きそば屋なども出ていて、お祭りの様に盛り上がっている。

その中でも、ひと際長い行列ができているのが、蘭ちゃんのブースだ。

2つの大きな寸胴鍋の前で、蘭ちゃんと料理部の部員がカレーを作っている。

その前に、多くの生徒。


「うわ～、すごい行列……さすが、女子高生シェフは人気だね……」

「うん……でも、真吾くん、朝、女の子ばっかりにチラシ配ってたのに、並んでるの男の子のほうが多いね……」

色葉ちゃんがボソッとつぶやく。

確かに、行列のほとんどが男子に見える。

「はーい、少しずつ間隔をあけて並んでくださ～い！　グランメゾン錦野の若き天才シェフが作る〝マリアージュ〟は、この列だよ～！　つかなんで男がこんなに多いんだよ……！」

列の後ろに並ぼうとすると、げっそりとした顔で行列を整理する真吾がいた。

確かに男子ばかりの行列がズラッと続いている。

でもよくよく見ると、男子たちに隠れて見えなかったが、隣の列には女子が数人並んでいる。

「あ、そういうことね。でも、これだと他の女子も気付かないかも……みなさーん！　女子の列はこっちですよー！　今ならすぐに食べられますよー！」

わたしは、遠くで様子をうかがっていた女子グループに声をかける。

すると、あっという間に女子たちも列に並び始めた。

やはり見つけづらかったのと、最初に並ぶ勇気がなかったのだろう。

わたしはその辺りはまったく気にしないタイプなのだ。

女子の列が伸び、喜ぶ真吾と一瞬目が合った。しかし何となく気まずく思い、すぐに目線をそらしてしまった。


その時、何か視線を感じて、列の前のほうを見ると、こっちをじーーーっと見つめている蘭ちゃんと目が合った。

目があった瞬間、蘭ちゃんはニヤリと笑い、みんなに向かって大きな声を上げた。

「みなさん、お待たせしました！　これから最後の仕上げをしますわ！　フライパンとワインの準備を！」

手伝いをしている真吾が、蘭ちゃんにワインを渡す。

すると蘭ちゃんは慣れた手つきでクルクルクルクルっとワインのコルク栓を抜いた。

「な、何をしてるの？」

わたしは思わず聞いてしまった。

カレーにワイン？　どういうことだろう。

「さすが高級フレンチ店の娘だ。手慣れてるなぁ。一体どうするんだ？　飲むのはダメだぞ？」

と、蘭ちゃんたちのブースを担当している先生も驚いている。

「先生、もちろん飲みはしませんわ、未成年ですもの。フライパンに火を入れますわね」

「わ、分かった。火には気を付けろよ」

料理部の部員が熱々に熱されたフライパンを蘭ちゃんに渡した。

蘭ちゃんが、そこにサイコロ状に切られたお肉を入れる。

《ジュウウウーーー》

と、お肉が香ばしく焼ける音が聞こえてくる。

真剣な目でお肉の焼き加減を見ている蘭ちゃんから、わたしは目が離せなかった。

お肉が焼けていき、だんだんいい匂いが広がってきた。

その時、蘭ちゃんが
「そろそろですわね」

と言って、ワインのボトルを手に取り、大声で叫んだ。

「みなさん！　少し離れていただけるかしら！」

なんだなんだ、と、行列が一歩後ろに下がると、蘭ちゃんは手に持ったワインを、フライパンに注ぎ込み、サッと振った！

次の瞬間、

《ボボボッ!!》

っとフライパンから炎が上がった！

「おおおー！」

「すげぇ！　テレビみたいだ！」

「あれ、フランベって言うんでしょ!?」

と、生徒たちから歓声が上がり、拍手が鳴り響いた。

わたしはそのパフォーマンスに圧倒され、立ち尽くしてしまった。

色葉ちゃんも何も言えずに、ただ蘭ちゃんを見ていた。

蘭ちゃんは、ワインで焼いたお肉を肉汁ごと、寸胴鍋のカレーに入れた。

「このカレーにも、さっきのワインを入れて長時間煮込んでいますの。ルーにも、お肉にも、ワインの風味がしっかりと染み込んでいますわ……これぞ、カレーとフレンチを融合、結婚させた、錦野蘭オリジナル〝マリアージュ〟ですわ！　みなさん、どうぞ召し上がれ！」

ワーっと歓声が上がり、生徒たちが次々に紙のお皿に盛られたカレーとプラスチックのスプーンを受け取る。

「うひょ～！　こんなお洒落なカレー食べたことないぜ」

「うまい！　うますぎる！　さすがフレンチの女神様！」

貰ったそばから立ち食いを始める男子もいた。

女子たちも、広場のベンチや、敷かれているシートの上に座って、次々に食べ始める。

「たまんない～！　口の中で具材が合わさって、トロけていく感じがする～！」

「ああ～、大人の味だわ……感動しちゃう～」

そんな生徒たちの間を、真吾が水を配ったりお皿を回収したりしている。

「そうでしょう、そうでしょう！　なんせグランメゾン錦野の一人娘である蘭ちゃんが、卓越したセンスとアイデアで創った、世界でひとつだけの〝マリアージュ〟だから！」

相変わらず、自分じゃないことでよく騒ぐヤツである。

「真吾のヤツ、調子乗ってる」

「うん。でも、なんだかんだ真面目にゴミを集めたりしてるし、なんか可愛いかも」

「え!?」

色葉ちゃん！　目を覚ますんだ！


そんな様子を見ている内に、わたしたちの番がやってきた。

蘭ちゃんがこちらに余裕の笑顔を見せながら言った。

「香坂さん、黄崎さん、来てくださったのね。ライバルの視察かしら？　まあ、真似をしてもよくってよ。そこの2人にもお渡しして」

さっと料理部の子が、わたしたちにカレーを渡してくれた。

「あ、ありがとう」

わたしも色葉ちゃんも、さっきまでのパフォーマンスと、生徒たちの感想の嵐に圧倒されてしまい、それしか言葉が出なかった。

「玖実ちゃん。あのベンチ空いてるよ。あそこで食べよ？」

「う……うん」

色葉ちゃんに言われて、ベンチに腰を下ろした。

色葉ちゃんが、お皿に鼻を近づけてクンクンと匂いをかいだ。

「なんだかいい香り。普通のカレーと全然違うね」

「そうだね……」

確かに、今までにない、なんだかいい匂いだった。

「あ……おいしい……これ、おいしいよ、玖実ちゃん！」

色葉ちゃんが一口食べると、パっと顔を輝かせて言った。

わたしも、スプーンにすくい、口に入れる。

「……!?」

口に入れた瞬間から、わたしが知ってるカレーとは全く違う、芳醇な味が広がった。

……こ、これが、蘭ちゃんの……

何をどうしたらこんな味になるのか、想像もできなかった。

「蘭ちゃん、やっぱり高級フレンチ店の娘なんだね。こんなカレーが作れるなんて、すごいね」

色葉ちゃんがしみじみとつぶやいた。

わたしも、全く同じ思いだった。

「蘭ちゃん、料理の天才だね」

「……」

素直に、そう口にする色葉ちゃんと違って、わたしは何も言えなかった。

〝マリアージュ〟の前には、更に行列が増えていた。

蘭ちゃんは忙しそうに、でも笑顔で、カレーをよそい続けている。

真吾も、行列を整理したりゴミを回収したり、忙しそうに走り回っている。

そんな様子を見ていると、なんだか胸が締め付けられる。

改めて蘭ちゃんとの差を感じて、目に熱いものがこみあげてくる。

わたしは思わずグッと歯を噛みしめた。


その日の夜、わたしはベッドに横になり、ぼーっと天井を見つめていた。

あの後、蘭ちゃんのカレーはお昼休み中に完売していた。

放課後もやる予定だったらしいけど、その分も全部配られてしまったらしい。

わたしは、その人気っぷりを目の当たりにして、なんだか呆然としてしまっていた。

午後の授業も、どうやって家に帰ってきたかも、あまり覚えていない。

そうやって、何も考えずに天井を見つめていると、視界の端にピョコっと、紫色の球体が現れた。

「どないしたんや？　玖実」

ブルブルくんがジーッとこっちを見ている。

一瞬、ブルブルくんのほうに目をやったけど、何も答える気が起きない。

わたしはまた天井を見つめた。

「ふむ、こりゃ重症やな」

ブルブルくんは「やれやれ」と呆れた顔で、わたしの視界をピョコピョコと動き回り始めた。

「敗北宣言するか？」

何にだ。

「白旗をあげるか？」

誰にだ。

「あ〜あ、こんな姿見たらおばあちゃん悲しむやろなぁ」

ギュッと、ブルブルくんをわしづかみにする。

「な、何すんねん!!」

そのまま、思いっきり壁にブルブルくんを投げつけた。

「うわぁー!?」

ボンッ！　とブルブルくんが部屋の壁にぶつかり床に転がった。

「何すんねん！　痛いやんか……って、全然痛ないわ！　ぬいぐるみボディやからか!?　こりゃ便利やな！」

ブルブルくんはいつもと変わらない様子で軽口を叩くが、今はその相手をする気分ではない。

「うるさい。今夜は消えてくれない？」

ブルブルくんがピョンと胸に乗ってきた。

「どこ乗っててんのよ！」

バシッと手で払い落とす。

ブルブルくんはコロコロと部屋の隅に転がっていった。

「あんなぁ、人に八つ当たりするのは止めや」

「あんた、人じゃないでしょ」

「そうやった！　ボクは妖精や！　こりゃ、一本取られたな！　わはは！」

「もう！　一人にさせてよ」

今はブルブルくんの姿も見たくなくて、顔から枕に突っ込む。

「んー……ま、さっきよりはちょい元気かな」

枕もとからブルブルくんの声が聞こえてきた。

「玖実、今日の蘭ちゃんのカレーがものすごい衝撃的やってんなぁ。かなわへんって思ったんちゃう？」

本当にうるさいヤツだ。

考えないようにしていることをズバっと言わないでほしい。

わたしが無視を決め込んでいると、ブルブルくんが、不思議なことを言った。

「まぁでも、そんなにショック受けんでええで玖実。あれは手品や、手品」

……手品？

わたしは、視線をチラッとブルブルくんに向けた。

「おっ、興味ありそうやな！　人は、何かが突然現れたり消えたり、知らないものを見たり、予想外のことが起きたら、脳が驚いてしまうんや。今日、蘭ちゃんがやってた『カレーにワインを入れる』、『牛肉が炎に包まれる』ってのは、生徒のほとんどが初めて見た光景や。玖実もせやろ？」

「う、うん。聞いたこともなかったし、見たこともなかったよ」

「せやろ？　それでまず、すごーい！　って思ってしもうてるわな」

ブルブルくんがドヤ顔で続ける。

「これは別に、悪いことやないけどな。旅行先で、その場で焼いてくれる魚がおいしく感じたり、お祭りの屋台で、目の前で作られた焼きそばがおいしく感じたりするのも、似たような効果があるからな」

……分かるような、分からないような……

「他にもな、玖実？　たとえばお母さんが作ってくれたお弁当を、この薄暗い部屋で食べるのと、爽やかな青空の下、木陰でゆっくり食べるのとどっちがええ？」

「……この部屋では、嫌かな」

「せやな。同じ弁当やのに、場所が違うとなんか味も違う気がするよな。じゃ、色葉ちゃんとかみんなで食べるのと、一人で食べるのやったらどっちがええ？」

「それは、みんなと食べる方がいい」

「せやろ？　正解や。食事ってのは、気持ちのいい場所で、大勢の人と楽しく食べると特別においしく感じるんや。それに、最初にすごい！　って思ってしもうてるしな」

「……なるほど」

確かに一理あると思った。

「……でも、やっぱりわたしにはあんなの作れないよ。ワインをカレーに入れる発想なんてないもん」

「はっはっは！　そらそうやろ！　蘭ちゃんは生まれた時から一流シェフの親を見て、その料理を食べて育ってるんや。目も舌も肥えてて当然や。そこにきて頭がええやろし、顔もええ。料理の腕前は親も超えとるんちゃうか？」

「蘭ちゃんのこと、めっちゃ褒めるじゃん。わたしへの嫌味？」

「ま、玖実と蘭ちゃんは差があって当たり前やな。もう月とスッポン……うわぁ!?」

ビシッ！　とブルブルくんにデコピンをする。

「次は踏んづけるよ」

「やめろ〜玖実、ドSキャラみたいになってるで！　話は最後まで聞きいや」

これ以上何を言いたいのだろう。

わたしはベッドの上であぐらをかきながらブルブルくんをジーッと睨みつけ、次の言葉を促した。

「何よ、最後までって」

「ごほん。なぁ玖実、おばあちゃんのお店のブルーベリージュースは好きか？」

「何？　急に」

「嫌いか？」

「いや……大好きだけど……」

「そうか！　あれはうまいもんなー！　じゃ、玖実、最近暑いけどソーメン食べたくならんか？」

「分かる！　暑い時のソーメンは最高だよね。めんつゆに氷を入れるのが好き！　うーん、話してるだけでお腹空いてきちゃう」

「せやなぁ。いつか好きなもんばっかり食べる旅とかできたらええなぁ」

「確かに、それ楽しそう！」

「めっちゃ楽しいやろなー！　あ、玖実、ひとつ聞いてええか？」

「ん？　何？」

「その、大好きな食べ物の中で、勝ち組と負け組分けるなら、どうなる？」

「……勝ち組と、負け組？　そんなの、ないよ。全部おいしいもん」

「……玖実、自分で気付いてるか？」

「ん？　何が？」

「自分で言うてるやん。**【料理は勝つとか、負けるとかやないんや。食べた人が「おいしかった」、「嬉しかった」と思うことが、とても大切】**なんや」

それはそうだけど……

「わたしは蘭ちゃんと違って、17年間、外食もほとんどした事がなくて、毎日お母さんやおばあちゃんの作ってくれたご飯しか食べてないもん」

「せやな。それでええんや」

「生まれや育ちが違うから、最初から勝負にならないって言いたいんでしょ！」

「ちゃう！　玖実は玖実でええんや。玖実のカレーを作ればええんや」

「でも、それじゃ蘭ちゃんに勝てない……」

「玖実、さっきも言ったけど料理は勝ちとか負けやない」

「わ、分かってる！　でも……でも……」

つい、口から、ポロリと。

「……悔しいの」

心の奥にある、本当の気持ちが零れ落ちてしまった。

「……悔しい、悔しかった、の……」

自分でも、気付いていなかった。でも、口にした瞬間、我慢していた感情が一気に押し寄せてきた。

せっかくおばあちゃんに秘密を教えてもらい、わたしたちのこだわりのカレーを作る気満々だったのに。

すでに蘭ちゃんは何歩も先を行っている気がしたのだ。

その差を見せつけられて愕然としたのだ。

「お、やっと本音が出たな？」

つい下を向いて顔を隠してしまう。

なんだかとても、恥ずかしかった。

「せやな、悔しかったんやな、玖実」

ブルブルくんが、優しく声をかけてくれる。

「自分じゃ思いつきもしないカレーを、蘭ちゃんが作ってて、悔しかったんやな」

ブルブルくんの、優しい声のせいなのか、なんなのか。

わたしは、涙があふれてくるのを止められなかった。

「……う、う、……うぇぇ〜〜〜……」

声を抑えようとすればするほど、涙が止められなくなってしまった。

「……うわあああああ〜〜〜〜〜ん……」

「もっと泣き、もっと大声で泣いてええで」

ブルブルくんは、特に驚く訳でもなく、優しく見守ってくれている。

「玖実、泣きながらでええから、ゆ〜っくり、話聞いてな」

「……うん」

「おばあちゃんが言うとったこと覚えてるか？」

「……うん、覚えてる」

「じゃあ、言うてみ」

「……自分の頭で考えて、わたしのカレーを作ってって」

「玖実はそれ聞いて、どう思ったんや？」

「……嬉しかった。おばあちゃんに、わたしが考えて作ったおいしいカレーを、食べてもらいたいって、思ったよ」

「その時、勝ちたいとか、負けたくないとか、考えてたか？」

あの、朝日の差し込む喫茶店の風景を思い出した。

おばあちゃんと、わたしと、カレー。あの空間にはそれしかなくて、とってもシンプルで気持ちのいい瞬間だった。

勝ち負けなんて感情は
「……なかった。考えてなかった」

「……そうか。じゃあ、玖実は単純に、玖実オリジナルのカレーを作って、おばあちゃんに食べてほしい、喜んでほしい、と感じてたんやな？」

落ち着いて、自分の胸に聞いてみる。

「……うん。そういうことしか、感じてなかった」

「ええやん。すっごい素敵な気持ちやと思うよ。料理っていうのは、そういった気持ちの、伝え合いなんや。玖実も、おばあちゃんと、そうしたいって思ったってことはすっごい素敵やで」

ブルブルくんがひょいっとわたしの頭の上に飛び乗り、ぽんぽん、と叩いてくれる。慰めてくれているのだろうか。

わたしは涙を拭いて、頭の上のブルブルくんに向かって言った。

「……ありがとう、ブルブルくん」

「かまへんかまへん。ちょっと気持ち、落ち着いてきたか？」

「……うん。蘭ちゃんは、わたしにないものをたくさん持ってるから、だから、嫉妬もしてたんだと思う」

「ええねんそんなこと。誰にでもある。なかったら心配なくらいや。それにたぶん、蘭ちゃんも玖実に嫉妬してると思うで」

「わたしの？　どこに？」

「そのうち分かる時がくるわ。人はみんな、それぞれ素敵なところを持ってるからな！」

なんか、それっぽい言葉ではぐらかされたような気がする。

でも、悪い気分ではなかった。

「まぁ、それより玖実。勝ち負けは気にせんでええとは言ったんやけど、大会に出ることは変わらへんし、おばあちゃんとの約束はあるんや！　これからどうするのか、作戦とか目標は考えてるか？」

「これっていうのはないけど、なんとなく、おばあちゃんだけじゃなくて、蘭ちゃんにも『おいしい！』って言ってもらえる、わたしのカレーを作ってみたいと思ってる」

「なるほどな！　蘭ちゃんにもおいしいと思わせる！　ええやん！　で、それどうやって作るんや？」

ずっと頭の上にいたブルブルくんがひょいっと目の前に飛び降りてきた。

「……それは……」

やりたいことはあるのだが、どうやったらできるのか、想像できなかった。

「うーん？」

「……いやアイデア全然出えへんのかい！　しゃあないな、ほな、ひとつアドバイスしたるわ」

「アドバイス？」

「カレーを作ることしか考えてへんかったから、見た目はええけど味がイマイチになったんや。〝マインドマップ〟って聞いた事あるか？」

「まいんどまっぷ？」

「フィンランドでは幼稚園のころから学ぶんやで。玖実、ノートあるか」

と言われてわたしは机の中から新しいノートを出した。

「紙の真ん中に少し大きな円を書いてみ？　そんでその円の中に〝わたしたちのカ

レー〟って書くんや」

ブルブルくんに言われるがまま、ノートに書いていく。

「次に、頭の中で浮かんだ言葉を真ん中の円から枝状に書いていってみ？」

ブルブルくんの問いかけに合わせて、枝のように線を伸ばしながら思いつくものを書き足していく。

〝わたしたちのカレー〟から思いつくだけでも色んなことが書き足されていき、ノートいっぱいに広がっていった。

「マインドマップは自分の頭で思っていることを分かりやすく図にしたノート法なんやで」

「あ、これ学校でやったことある！　確か先生は【イメージマップ】って言ってたなぁ」

「イメージマップ！　ええ響きやん！　これからはボクもイメージマップって言おうかな」

ブルブルくんと話しながら、わたしはイメージマップをどんどん書き進めていった。

「どや？　玖実のカレーに対する『見える化』がこれでできたな！　これがあると考え続ける事が楽になるんやで。これで頭の中が整理されて、ほんまに自分が目指したいもんを見つけるヒントが分かるんや」

　色んな言葉でノートが埋め尽くされていく。

　同時に、頭の中をぐるぐるしていた考えが、書けば書くほど綺麗に整理されていく。

「なるほど！　……で、これからわたしはどうしたらいいのかな……カレーの勉強すればいいの……？」

「勉強したいんか？」

「いいえ、したくないです」

「即答やな。勉強も悪くないで」

「今は結構です」

　頑固やな〜、とブルブルくんが笑う。

「研究、分析、リサーチ、それをどうやるかというと……」

　ブルブルくんがニヤリと笑う。

「食べ歩きや」

「……食べ歩き？」

　思っていなかった言葉が出てきた。

「そう、食べ歩きや。まずは、今住んでるとこの近くでいいから、カレー屋さんを調べるんや。で、何種類か直接食べに行くとええ。そしたら、その中で玖実がおいしい、好きやって感じるカレーと出逢うはずや」

「……それでいいの?」

「何言うてんねん!　それ〝が〟ええんや!」

ブルブルくんの声が大きくなる。

「ネットで調べたり人から聞くのもええけど、それやと味は分からんし、作った人の気持ちも分からんやろ?　ただの知ったかぶりちゃんや。だからこそ自分でお店を食べ歩き、自分の心を動かすカレーを見つけるんや」

すごく説得力があった。

洛央商店街も、ネットじゃ古い商店街って書かれているだけだったけど、実際はすごく楽しい商店街だし、喫茶こよみの名物は、この辺りじゃ知らない人はいない。

「だけど、そんなにお店を探して、見つけて食べ歩くって大変な数よね。見つかるかなぁ」

うーん、と考え込んでしまう。

やったことがないので、イメージもできない。

「玖実、今一人で全部やろうと思ってへんか？」

「え？　そうだけど…違うの？」

「一人でやろうとするから大変やねん。玖実の周りには支えてくれる仲間がおるやろ？」

ブルブルくんの言葉を聞いて、色葉ちゃんと真吾の顔が頭に浮かんだ。

「確かに…」

「せやろ？　その仲間と一緒に目標に向かって【Oneチーム】になれば、できることがたくさんあるんちゃうかな。それぞれの得意分野を活かして」

ブルブルくんがピッと指を立てる。

確かに色葉ちゃんは調べるのが得意だし、真吾は情報通で行動派だ。

チームで考えたら新しいアイデアが出てくるかもしれない。ワクワクしてきた。

次の日、わたしは色葉ちゃんとカレー研究会の教室に向かった。

扉を開けるとそこには何故か真吾が、さも当たり前のように座っている。

「真吾、あんた何でここにいるのよ。蘭ちゃんのところに行ったんじゃないの」

「敵を欺くにはまず味方からって言うだろ？　だから蘭ちゃんの偵察に行ってたんだよ」

得意げな表情の真吾、いつものおちゃらけた雰囲気だ。

「そんなの簡単に信じられるわけないでしょ」

「確かに、最初は売り〝言葉〟に買い〝言葉〟で出て行っちまったけど、やっぱり俺も2人と一緒に頑張りたい、3人で大会に出たいんだ。でも今のままじゃ蘭ちゃんに勝つどころか、まともにカレーさえ作れない。だからこそ蘭ちゃんのところでカレーの〝いろは〟を学んできたってわけ」

いつになく真面目な表情の真吾を見て、わたしも真吾の言葉にウソがないことを感じ取った。

「二度目はないからね、一緒に頑張りたいって言ったからにはとことん付き合ってもらうから！」

「カレー研究会、再出発だね！」

色葉ちゃんも嬉しそうにしている。

「あ、そうだ。そういえばわたし、勝つとか負けるとかやめたから」

「え？」

「食べてくれた人がおいしいって思うような、みんなが幸せになれるカレーを作る！」

「なんだよそれ！　……はぁ。まあでもそのほうが玖実らしいな」

呆れた表情で笑う真吾にわたしはノートを差し出した。

もちろん色葉ちゃんにも。

「何これ」という表情でノートを見つめている2人に、わたしはブルブルくんから教わったイメージマップの説明をした。

「このノートを道標にわたしたちのカレーを作りたい。そのためのヒントを3人で協力して見つけよう」

真吾も合流し、3人の気持ちがひとつになり、大会に向けてOneチームになったわたしたちはさっそくカレーの分析を始めた。

ブルブルくんの教え

- 料理は勝ち負けじゃない。食べた人に「おいしかった」と思ってもらうことが大切
- イメージマップで頭の中を見える化して、夢を叶えるヒントを見つける
- 仲間と一緒に目標に向かって『Oneチーム』になる

思いつくことどんどん書いていってイメージマップを広げていくと、どんなカレーになるんやろなぁ、楽しみやわ！

第3章

前味・中味・後味

カレー研究会が拠点にしている小さな空き教室でわたしたちは壁に貼られているカレー大会のポスターを睨んでいる。

大会本番まであと三ヵ月。

テーブルには、色んなカレーの成分をグラフ化したり、栄養価が書かれたプリントが置いてある。

その横のホワイトボードにはこの辺りの地図が貼られ、いくつもの店の名前が書いてある。

用意してくれたのは色葉ちゃんだ。

わたしたちは、イメージマップを活用しながら話を進めた。

ホワイトボードの中心に書いた「わたしたちのカレー」から放射線状に線を伸ばし、最初の分類として〝食材〟、〝スパイス〟、〝世界のカレー〟、〝食べ歩き〟、と書き込んだ。

そこから色葉ちゃんが調べてくれた内容をもとに、さらに枝分かれさせながら細分化してイメージマップを書き足していく。

「色葉ちゃん、たった数日間でこんなに……よく調べてくれたね！　ありがとう！　じゃあ、聞かせてくれる？」

「うん！　わたしは、世界のカレーについて調べたの。もともとインドが発祥地で、その後はイギリスの商人によって世界に広がったんだって」

「へぇー、そうなのか」

真吾が感心したような声を上げる。

「インドのカレーは、バターチキンとキーマが有名で、日本でもよく食べられているみたい。最近では、ほうれん草とチーズで作ったパラクパニールや、豆が入ったダール・タッカというのが人気上昇中らしいよ」

「あ、俺はキーマカレーなら食べたことある」

「わたしもバターチキンカレーなら食べたことあるわ。あの味は好きだな」

珍しく真吾も真面目に聞いているし、わたしもワクワクしながら聞いていた。

「それに、タイも馴染みのものが多くて、グリーンカレーとか、最近はマッサマンカレーっていうのが人気で、ピーナッツペーストとココナッツミルクで作るんだって」

「へぇ〜、そうなんだ。全然知らなかったわ」

色葉ちゃんも嬉しそうに話を進めてくれている。

任せてよかった、と思った。

「次に日本のカレーなんだけど……」

「おっ！　そこは俺も少し報告したいことがあるんだ」

色葉ちゃんの説明を、真吾が引き継いだ。

「これは俺の感覚なんだけど日本人って、カレーをご飯にかけるだけじゃなくて、うどんにかけたり、パンの中に入れたりして色んな食べ方をしてるよなって思ってさ」

「そうなの！　いいところに気付いたね、真吾くん！」

色葉ちゃんに急に褒められて、真吾が顔を赤くする。

「ま、まぁな！　俺も研究会の一員だし？　ちゃんと調べたり考えたりしてるんだよ！　俺は褒められて伸びるタイプなんだ。玖実も覚えとけよな！」

分かりやすく調子にのっている。

なんでわたしがこいつを褒めにゃならんのだ。

「はいはい、分かった分かった。色葉ちゃん、それで？」

「うん。日本の特徴は〝ご当地カレー〟ってジャンルが多いことだと思うの」

「ご当地カレー？」

「そう。〝北海道のスープカレー〟とか、〝金沢カレー〟とかが代表的ね」

「確かに、聞いたことある。チェーン店が多いよね」

真吾もウンウンと頷いている。

「他にも、どんな食材とでも混ぜちゃって、それが人気になったりするよね。帆立、リンゴ、ブルーベリー、なかには納豆なんてのもあるのよ」

確かに、言われてみれば全部心当たりがあった。

色葉ちゃんがまとめてくれたデータとかプリントを色々見ると、全部面白いものばかりだった。


「うーん、やっぱり奥が深いね。何から食べに行ったらいいのか、迷っちゃうなぁ」

「そのことなんだけど……」

色葉ちゃんがちょこんと手を挙げた。

「わたしたちが出る大会は、商店街の催しじゃない？」

「そうだね」

「その時のライバルは？」

「うーん、勝ち負けって考え方じゃないけど、やっぱり蘭ちゃんの〝マリアージュ〟

かな」

「だよね。わたし、このあいだ食べた時に思ったことがあるの……」

色葉ちゃんが、大事なことを伝えるように、少し声をひそめて言った。

「カレーって、みんながよく食べる国民食だから、やっぱりわたしは食べ馴染みのあるもののほうがいいかなって……」

すかさず真吾が口を挟む。

「でも俺、あの日、食器の回収する時に食べ終わったみんなの話を聞いたけど、すごい好評だったぜ？　だからやっぱ個性的な方がいいんじゃねぇの？」

「確かに、わたしもたくさん、そんな声を聞いたわ。でも……」

「でも？」

わたしは続きを促す。

「2回、3回と食べたいと思うかなぁって」

そう言われて、わたしはハッとした。

ショックを受けたあの日、わたしもブルブルくんと話す中で考えていたのだ。

蘭ちゃんのカレーは、確かにおいしかった。

けど、なんだか、わたしが知っているいつもの味じゃなかった。

カレーが食べたい時に、あれが出てきたら、ちょっと違うんだよなぁ、ってなるんじゃないか、と思っていたのだ。

「それ、わたしも思ってた！」

つい声が大きくなってしまった。

「だよね⁉　蘭ちゃんのカレーは、ヨーロッパが基準になってると思うの」

色葉ちゃんもテンションが上がっていた。

「……確かに、グランメゾン錦野はフランス料理だからなぁ。オシャレだし、〝よそ行き〟って感じはするよな」

真吾も考え込んでいる。

「カレーは、インドで生まれて、アジア方面と、ヨーロッパ方面に広がっていったみたいなの。わたしたちがいつも食べてるのは……」

「アジアのカレー、ってことね」

色葉ちゃんの言いたいことが、分かってきた。

「……蘭ちゃんはフレンチの特徴を活かしたヨーロッパのカレーを作る。それはそれでいいと思う。でも、わたしたちは慣れ親しんだアジアの、しかも日本のカレーを追求すれば、マリアージュとは違う、みんながいつも食べたいと思えるカレーが、できるってことじゃないかな!?」

「……それだぁ！　色葉ちゃん、ありがとう！」

色葉ちゃんに激しくハグをする。

「俺も混ぜてくれよ〜」

真吾が何か言ってるが、わたしも色葉ちゃんもガン無視である。

「じゃあ、わたしたちがまず食べに行くべきは……」

会議で出た意見をイメージマップに書き込んでいき、食べに行くお店を決めていった。

土曜日、朝10時。

わたしたちは気持ちのいい日差しが降り注ぐ中、目的地に向かって歩いていた。

「あっつ〜い！　夏っぽくなってきたね！　ホント、なんでこんなに暑いのかしら！」

「でも玖実ちゃん、こんな季節のほうが飲み物がおいしいよ。はい、スポーツドリンク」

「ありがとー色葉ちゃん！　ま、携帯扇風機もあるし、お店に入ったら涼しいだろうし、がまんがまん」

「あと少しだ……あっ！　この先の角を右に曲がったところに目的の店があるぜ！」

真吾がスマホを見ながら道案内をしてくれている。

あの後、わたしたちは色葉ちゃんの集めてくれた三十軒以上のカレー屋さんリストから、まずは条件に合う六軒に目星をつけて、みんなで順番に食べ歩きをしていくことにした。

四つ角を曲がると、遠目にも行列ができていることが分かるお店があった。あそこが目的地だ。

「うわっ、まだ開店前だよね？　もうこんなに並んでる……」

既に20人ほどが並んでいた。急いで最後尾に並びに行く。

「すごい人気ねー」

きょろきょろとあたりを見回す。別に、栄えている場所でもない。

みんなこのお店が目的で、わざわざここまで来ているということが分かる。

一軒目は王道ともいうべきカツカレーが評判のお店。

「カレーの香りだけでも食欲をそそるのに、カツの香りがプラスされて、ますますお腹がすいてきたー」

開店が待ちきれない様子の真吾の横で、わたしはあることを思い出した。

「あ、そうそう、2人に渡さないといけないものがあるの」

ゴソゴソとカバンに手を突っ込み、スッと2人に差し出した。

「これは？」

「スプーン？」

色葉ちゃんと真吾がキョトンとしている。

「そうよ。カレー研究会、創業メンバーの仲間の証の特製スプーンよ。今日の食べ歩きから使いましょう」

「わぁ、柄の部分の模様、可愛いね！　これは、ブルーベリー模様かな？」

「玖実が女子っぽいことしてる！　どうしたんだ？　熱でもあるのか？」

と、茶化してくる真吾。

「あんた……まーね。せっかくこのメンバーで、同じ目標に向かって頑張るんだし、なんか欲しいなと思って用意したの」

このスプーンは、ブルブルくんに貰ったものだった。昨日の夜のことを思い出す。

「でね！　色葉ちゃんがこんなに調べてくれて、わたしたちはアジア圏の、日本のカレーを追及していくことにしたの！　明日、明後日は食べ歩きの日なんだ。おばあちゃんのカレーは、あれから毎日練習して、今ではもうレシピを確認しなくてもおばあちゃんの味が出せるようになってきてるし、あとは研究で得た知識を試していく段階だね！」

夜、わたしはブルブルくんに興奮して色々と話をしていた。

やりたいことが、やるべきことが、はっきりと分かると、不思議と体の中からやる気が湧いてくるのだった。

「はぁー、玖実テンション高いなぁ！　それほどワクワクしてんねんな！」

ブルブルくんもテンションが上がってぴょんぴょんと跳ね回っている。

「うん、ブルブルくんが教えてくれたおかげだよ！　料理は、勝ち負けじゃないって。蘭ちゃんをぎゃふんと言わせるんじゃなくて、蘭ちゃんにもおいしいって思ってもらえるようにって。そう考えると、色んな悩みがなくなった感じがするんだ」

「そーかそーか、それはよかったわ。ほんなら、もういっこ教えたろ。ものごとは【前味、中味、後味】が大事やねん。お店でも会社でも大切なのはリピーターや。流行っているお店にはリピーターが多い。つまり、何回も食べたいと思わせることが大切なんや。それを前味・中味・後味っていうんや」

「味？　カレーのこと？」

「ちゃうちゃう。前味は、SNSなんかでおいしそうな写真を見たり、食べたことがある友だちの話を聞いたりして、食べてみたいな〜って思う味のイメージの事や」

「中味は、実際にそのお店に行って食べることなんやけど、写真を見てレビューを読んで、そのお店に行くまで頭の中はその食べ物でいっぱいになるよな。想像するだけでヨダレが出てしまうくらい楽しみになることや」

「最後は後味。そのお店に行っておいしかったらどうする？」

「もう1回そのお店に行きたくなるかな？」

「せやな、それが後味やし、リピーターになるってことや。玖実もおいしかったお店を友だちに教えた事あるやろ？」

確かにこの前もおいしいクレープ屋の話を聞いて、色葉ちゃんと行ったばかりだった事を思い出した。

「これから玖実はそれを実行していくねんで。ところで玖実、明日から食べ歩きを始めんねんな？」

「うん、そうだよ？」

「せやったら、これあげるわ！」

そう言って、どこからともなくヌッと、スプーンを3本取り出した。

「えっ、今どこから」

「まぁまぁ、その辺は気にしたらあかん。メルヘンパワーや」

ぐぬぬ……本当に都合よくできている……

「何これ？　スプーンだよね？」

「せや。でもただのスプーンやないで。これは『秘密のスプーン』。これでカレーを食べるとな、味の秘密が分かるんや！」

「……ふーん、へぇー」

「あ！　信じてないな!?」

「そりゃね、いきなりそんなこと言われても」

「まあ、ウソやと思って1回試しに使ってみ！」

「なんか怪しい感じがするけど、試してみようかな。普通に可愛いスプーンだし。マイスプーンって、なんかいいね！」

「なんか引っかかる言い方やな……まぁええわ。ちなみに、玖実以外の人が使っても味の秘密は分からんから、気をつけてな」

「え？　じゃあ色葉ちゃんと真吾には分からないってこと？　なんで？」

「それはな……メルヘンパワーや！」

「は？　またそれ!?　それ言われると何も言い返せなくなるからやめてよ！」

「はっはっはっ！　しゃーないやろ。メルヘンパワーはメルヘンパワーや」

「……ほんっとにテキトーなぬいぐるみなんだから……」


「玖実！　列、前に詰めろよ！　どうしたんだボーっとして？　大丈夫か？」

真吾の声でハッ、と我に返る。

昨日のブルブルくんの話を思い出してぶつぶつと独り言を言ってしまっていたよう

だ。

真吾と並んでいる人が怪訝な顔でわたしを見ていた。

「あわわ、ごめん！　すみません！　わたし、何か言ってた？」

「うん、秘密のなんとか、とか、ブルブルくん、とか、ぶつぶつ言ってたよ？」

「あ、あは、あはは！　いやー、お腹が空いたのと、暑いのとで、ちょっと頭がおかしくなってたのかな!?　なんでもないよ！」

焦って誤魔化す。色葉ちゃんと真吾も「確かに、腹減ったなぁ」「暑いもんね……日傘持ってきてよかったよ」と、そんなに追及してこなかった。

ふぅ、危なかった……


そんなことをしていると、わたしたちの順番が回ってきた！

カウンター席に座り、さっそくカツカレーを注文する。

ジュウッとカツの揚がる音がますます胃を刺激する。

大きなお皿にほかほかのご飯とたっぷりのカレー、そしてボリュームのあるカツがドンと、のってわたしたちの前に現れた。

これは……一軒目からなかなかのボリュームである。

わたしたちはさっそく『秘密のスプーン』を手に取り、食べ始める。

「うわっ、サクサクなのにジューシー！」

「このスパイス感、たまんねぇ！」

豚ロースをラードで揚げたサクサクのカツはそれだけでも十分楽しめる味だけど、スパイシーなカレーと合わさると、豚肉の甘味が少し辛めのルーを引き立てる。カレー自体にもポークの旨味がしっかり感じられる。

けっこうな量だったのに3人ともペロリと平らげて、大満足でお店をあとにした。


二軒目はチキンカレーの専門店に行った。

ウリは鶏の旨味が凝縮された濃厚スープらしい。まず鶏ガラスープを作り、その中に骨付き肉を入れてまたじっくり煮込む。何時間も骨付き肉をぐつぐつ煮込むと、自然と肉が骨からはずれて、骨が簡単に砕けるくらいにスープに溶けるんだとか。

あと、あらかじめ鶏肉にすり下ろしたニンニクや生姜をしっかりすり込んでおくことで、味が引き締まって深みが増すのだそうだ。

ポークカツカレーとは全く違う味わいを感じた。

そして、1日目の最後に行ったのは、野菜カレーが人気のお店だ。

にんじん、じゃがいも、玉ねぎはもちろん、他にもかぼちゃ、アスパラ、パプリカ、揚げたナスやレンコンなど、好きな野菜を選ぶこともできる。

野菜の味を活かすために、ベースにはコンソメを使い、とろみを出すためにはちみつを使っていて、あっさりしているけど、辛すぎず甘すぎず絶妙なバランスだ。

それに使われている野菜自体も、甘味が際立っていてとても食べやすい。

わたしは試しにかぼちゃをお願いしてみた。

まず飛び込んできたのは、カレーのあの色味にも負けない鮮やかな黄金色のかぼちゃ。スプーンからはみ出してしまうほど大きい。それを口に入れた瞬間、じゃがいもとは違う特有のやわらかさと、ねっとりしつつもしつこくない、上品な甘さが口いっぱいに感じられた。

「俺、こんなにカレーの野菜がおいしいって思ったことない！」

真吾がえらく感動している。

「このお店の野菜、契約農家から仕入れた無農薬栽培って書いてあるよ」

「今まで、ルーやお肉の味ばっかり気になっていたけど、野菜も主役になれるね」

昼前から食べ歩いて、正直三軒目はお腹いっぱいかも…と心配していたのがウソのように、3人とも完食した。

帰り道を歩きながら、

「……よーし！　今日食べたお店のこと、みんなちゃんとノートにまとめよう！　オリジナルカレーノート、しっかり作っていくわよ！」

「もちろん！」

「ノートにまとめるの苦手だけど、やってみるぜ」

色葉ちゃんと真吾が手に持ったノートを掲げた。

このノートに色んなリサーチの結果を書き込んでいって、わたしたちにしかできない最高のカレーを作ってみせる！


食べ歩き2日目。

今日は一番楽しみにしていたお店からスタート。

「ここはテレビとか雑誌からも取材を受けている、〈一皿邸《ひとさらてい》〉というお店よ。11時開店でメニューは1種類。1日で30皿売れたら、もうお店を閉めちゃうらしいの」

「へぇー！　すごいお店だね！　ということは結構ギリギリだったのかな……間に合ってよかったよ」

「うん、すごいんだ。わたしもテレビとかで見たことあったけど、いざ、自分が食べに行くってなると、色々調べちゃった。アップされてる画像とかいっぱいあるよ」

色葉ちゃんがスマホを見せてくれる。

「人気の秘密のひとつは、カレーの上に惜しみなくのせるミディアムレアに焼かれたお肉のようね」

「おおぉー！　うまそう！　よだれが出るぜ！」

真吾が喜びの声を上げる。

「みなさん、本日もありがとうございます。一皿邸、営業開始いたします。まずは先頭の6名様、中へどうぞー」

並んでいた人たちが「待ってました！」「いやー、毎週これを食べないと、もう他のカレーじゃ満足できなくてね」「初めて食べられる……やった！」など、色んなことを言いながらお店に入っていく。みんな、一様に笑顔を浮かべている。

「……なんだか、こっちまでワクワクしてくるね！」

「そうだね！」

わたしたちもソワソワとしてくる。

しばらくすると何人かのお客さんがお店から出てきた。みんな、お店に入った時の何倍もの満足気な笑顔を浮かべている。

そんなことを何回か繰り返し、遂に
「お待たせしました！　次の６名様、中へお入りください。学生さんかな？　いらっしゃい！」

と、わたしたちの番がやってきた！

「こちらこそ、ありがとうございます！　お邪魔します！」

わたしはテンションが上がってしまって、つい大きな声で返事をしてしまった。

「声でけぇよ玖実！　友だちの家か！　恥ずかしいわ！」

「えっと……失礼しまーす……」

　色葉ちゃんと真吾も後からお店に入ってきた。

「奥のテーブル席にどうぞー。ウチのメニューはひとつしかないので、ご飯の量だけ選んでくださいね」

　と店員さんが声をかけてくれた。

「じゃ、俺は大盛で！」

「真吾くん……ほかのお店にも行くのよ？　いきなり大盛なんて大丈夫？」

「あっ、そういえば……まぁ大丈夫だろ！　食べ盛りの高校男子だぜ？」

　相変わらず後先を考えないヤツである。結局、真吾は大盛を、わたしと色葉ちゃんは並盛を頼んだ。

「すごくいい匂いね。なんだろう……よく知ってる匂いでもあるんだけど、何かが違うわ」

「楽しみだぜ。友だちとメシ食いに行くときは、ファミレスとかにしか行かねぇからさ、それ見てすげー食べたくなったんだよな」

　と言って、色葉ちゃんが見せてくれたスマホの画像や記事を指さす真吾。

「2人とも、わたしもワクワクしてるから人のこと言えないけど、これはリサーチなのよ！　何か気付いたり、発見したことがあったらちゃんとノートに書くのよ！」

そう言いながらキョロキョロと周りを見渡すと、テーブルの上にメニューのようなものが置いてある事に気が付いた。手にとって見てみると、そこにはたったひとつだけのカレーと飲み物が載っていた。

「このメニューに意味はあるのかしら？」

とジーッと見つめていると、色葉ちゃんが
「あれ？　裏側に何かたくさん書いてあるよ？」

と教えてくれた。バッと裏側を見て、わたしはまたテンションが上がった。

「……へぇー！」

そこには、ここのカレーができるまでの道のりや、調理のコツ、使っている素材のことなどが詳しく書いてあった。

「なるほど！　最後にカレーにのせるミディアムレアのお肉は、ブランド牛を使っているのね……。焼き方には熟練の技がいるらしいわ……」

「うおぉ……ますます早く食べたいぜ……でも玖実、肉のことよりも作り方とかスパイスとかを読んだ方がいいんじゃないか？」

確かに。真吾のくせにいいアドバイスだ。

「なになに……当店ではこだわりぬいた秘伝のスパイスを……って、その秘伝が知りたいのに！」

「まぁ、メニューに書いてたら〝秘伝〟じゃなくなっちゃうよね」

色葉ちゃんがくすっと笑う。そんなことをしている内に
「お待たせしました」

いよいよ目の前に、カレーがやってきた！

「待ってました！　ありがとうございます！」

「おおー！　うまそうな肉がのってるぜー！」

「すっごくいい匂い……」

声を上げるわたしたちに、店員さんも笑顔で
「ウチのカレーはルーもお肉もウリなので是非楽しんでくださいね。ごゆっくり」

と言いながら去っていった。

「それじゃ、色葉ちゃん、真吾、用意はいい？」

「おう！スプーンの準備もバッチリだぜ！」

「早く食べたい……！」

色葉ちゃんが珍しくがっついている。食べるの好きだもんね。

「はい、それでは……」


「「「いただきます！」」」

勢いよく口に入れた瞬間、
うまっ！　えっ、甘っ!?　でもスパイシー……何これ……！

ビビビッと、全身に電気が走るような刺激と旨味が、口いっぱいに広がった。

この旨味、甘味はちょっと違うけど、たぶんアメ色玉ねぎの味だ……だけど、知らない味もある！　これが、秘伝のスパイス？

一口目を飲み込む前に、二口目を口に入れる。

絶妙なこの味が、口の中からなくなるのが嫌だ！　ずっと口の中にあってほしいからスプーンが止まらない！

三口目は、カレーと一緒にお肉も口に入れた。

香ばしくてやわらかい……！　お肉の甘味と旨味がはっきり分かる……あ、でも噛んでいくと、カレーのスパイシーな味と混ざって……

気付けば、わたしは一度もスプーンを置くことなく食べきっていた。

「……はぁ…おいしかった……」

ごちそうさまでした、とつぶやきながらお皿にスプーンを置き、改めてこのカレーのことを考えた。

一口、口に入れた瞬間から「うまい！」って感じがしたわ。たぶん、あれはアメ色玉ねぎを使っているのね。

でも、おばあちゃんのカレーとは少し違う感じだった……玉ねぎ以外に、何か別の野菜もトロトロにして入れているのかしら。「甘い」とも感じたから、甘味を感じる野菜かしら。

あと、辛いっていうよりスパイシーって感じのほうが圧倒的だったわ。あれは、おばあちゃんのカレーにはなかった。

たぶん、あれが〝秘伝のスパイス〟なんだろうな……スパイシーだけど、そんなに辛くない。

スパイスって辛くなるだけじゃなかったんだ。ブルブルくんが何百種類もあるって言ってたもんな…


と、考えを巡らせているうちに色葉ちゃんと真吾も「ごちそうさまでした」と食べ終えた。真吾はともかく、色葉ちゃんがこんな一気にご飯を食べるところは見たことがなかった。

「…わたし……こんなカレー食べたの、初めてかも」

色葉ちゃんがポツリとつぶやいた。

「うん、最初にガツンとスパイスが感じられて、その後にほんのりとした甘味と、じわーっと旨味が広がって、辛いというより、スパイシーで食べる手が止まらなかったわ。たぶん、あの甘味と旨味って、玉ねぎとか野菜をじっくり、ゆっくりと、時間をかけて炒めたものだよ。でも、それ以外にも何か使ってると思うんだよね…それと、このお店秘伝のスパイスが効いてるんだ。材料はなんだろう……どうやって作っているんだろう……」

わたしが味の分析をしていると、２人がびっくりした顔をしていた。

「玖実ちゃん、すごいね。そんなことまで分かるの？」

「なんかテレビに出てくるグルメマニアみたいだな」

「えっ？　そんなことないよ！　ただ、おばあちゃんのカレーと似ている部分と、違う部分があったから、そこを比べて考えただけっていうか」

でも、確かに今までの自分だったら分からない、考えもしないようなことを考えていた。

もしかして、これがブルブルくんの『秘密のスプーン』の効果なのかな。

スプーンをまじまじと見つめる。可愛いデザインの、普通のスプーンだ。

そんなことをしていると
「キミ達、もしかしてマイスプーンを持ってきてるの？　すごいね！　そんなに好きなんだ。これでスプーンを拭いて持って帰りな」

と、店員のお姉さんが濡れたおしぼりを持ってきてくれた。

「あ、ありがとうございます！」

茶髪ショートカットの、スッとしたカッコいい人だ。

「元気だね！　それに、なんか味の分析までしてくれてたね。カレー作りに興味あるの？」

「あっ……なんかごめんなさい、お店の中なのに大きな声で……」

「いやいや、嬉しいよ。若い子がそんなに喜んでくれるのはね。将来カレー屋にでもなりたいの？」

わたしはお姉さんに、おばあちゃんのこと、商店街のカレー大会のことを伝えた。

「へぇー！　あなた、喫茶こよみのお孫さんなんだ！　そういえば洛央商店街は、毎年食べ物のイベントやってたね」

「おばあちゃんのこと、知ってるんですか？」

わたしはびっくりした。おばあちゃん、有名人？

「そりゃあね。この辺りでカレー屋を始めるってときに、わたしも調べて、食べに行って、ハマっちゃった人間だもの」

……え？

「え、今、カレー屋を始めるって……お姉さん、店員さんじゃ……」

お姉さんがニコッと笑う。

「あ、嬉しいリアクション、ありがと。わたしは、このお店のオーナーよ」

「えぇ!?」

「すごい……お姉さんのお店なんですね……」

「美人で仕事がデキるお姉さん！　俺、和多部真吾って言います！　このお店通います！」

びしっ！　と姿勢をよくして右腕を高々と挙げる真吾。

「もっとお話したいけど、お客さんも待ってるからね。みんな、ちょっとこっちにおいで」

「えっ!?　あっ、はい」

「ねぇ、このテーブル片付けおねがーい」

と言いながらお店の裏口のほうに向かうお姉さんに3人で付いていった。

「特別にわたしのカレーの材料、見せてあげるわ」

「えっ!?　いいんですか!?　秘伝のスパイスとか、企業秘密とかじゃ……」

「あはは！　確かに秘伝のスパイスは企業秘密だから全部は言えないけど、基本的なことは教えてあげられるわ」

お姉さんが振り向いてニコッと笑う。

そしてお店の中からは見えない、お店特有のキッチンスペースに入れてくれて、冷蔵庫の中から次々と食材をテーブルの上に出して見せてくれた。

「さっき玖実ちゃん？　だっけ？　が言ってた、アメ色玉ねぎ以外の旨味、甘味の話、ちょっと惜しかったんだよね。ウチのはね、ここにある食材を、それぞれ順番を守って入れて、じーっくり煮込むのよ。そしてそこに並んでいるのが……」

と、お姉さんが指さした先には、６つの容器が並んでいた。

「あっ！　もしかしてそれが……」

「秘伝の……!?」

「スパイス……ですか……!?」

お姉さんがニヤッと笑う。

「その通り！　わたしはここにある6種類のスパイスを使っているの。でも一番のポイントはこれよ」

そう言ってお姉さんは、６つの容器のひとつを手にとってふたを開け、わたしたちに見せてくれた。

容器の中からはふんわりとカレーの匂いが。

「これがポイントのガラムマサラ。ほかにも使ってるけどあとはナイショ！」

すごく気になる……でもしょうがないよね。

わたしたちがガッカリするのを見て
「スパイスの役目は、正確には色・香り・辛味なの。でもそこに、旨味は入っていないのよね。みんな、家でカレーを食べるときに、あとから自分の好みで醤油とかソースを加えたことない？」

「……あぁ、そういえば……やったことあるかも」

家で食べるときは、何か物足りなくて色々と入れていた時期があった。

「うふふっ、だよね。でも、ウチの秘伝のスパイス…正確には隠し味なんだけど、ウチの味を支える大切な秘密はその旨味なの。元々、カレーなんて料理はなかったんだしね。インドの人たちが色んな料理にスパイスを入れていて、それをイギリスの人たちが〝なんだこのおいしい食べ物は！　カレーと名付けよう！〟って言い始めたものだから、別に絶対の法則があるわけじゃないの。ま、諸説あるけど」

「なんだか……カレーって、自由ですね……」

色葉ちゃんが感心したようにつぶやいた。わたしも、想像すらしていなかった話にワクワクが止まらなくなっていた。

「そうよ。カレーは奥が深いわ。だから玖実ちゃんたちだけの〝旨味〟、探してみるといいわね……っと、そろそろお店に戻らなきゃいけないわ。みんな、どうだった？ウチのカレーの秘密、参考になったかかな？」

「はいっ！」

「……今日見せていただいた、素材だけでもこんなに勉強になるなんて驚きました……ここから、調理もあるんですよね……」

「もちろん。素材を全部お鍋に入れるだけでできるものじゃないわ。しっかりと研究して、あなたたちのこだわりのカレー作ってね！　カレー大会楽しみにしてるね！」

「すっっっっごくおいしかったし、勉強になったね！」

「……わたしも、ネットで色々と調べてたけど、今日知ったことのほうがすごく勉強になったよ……」

「確かに、正直、このあいだの勉強会の時より、何倍も頭に入った気がするぜ」

わたしたちはお店を出て、近くの公園のベンチに座り、さっきのお店のことを話し合っていた。

「さすがに秘伝のスパイスとなれば簡単には教えてくれないかぁ…」

「わたしたちで見つけるしかないね」

「うん……あと改めて考えると、具材ってあんまり入ってなかったよね。上にのっていたお肉とルーだけだった」

「でもそのルーを作るまでがすごかったな。アメ色玉ねぎは当然だし、さらに秘伝のスパイスや旨味だろ……」

みんなでノートを見直しながら、あれこれと話をしていく。

「いやー、材料だけでも色々発見があるね！」

「これ、整理してみると使っている食材以外は分かってないね。レシピだとしたら、材料はこれですよー、までしか分かってないよ」

「確かに。今のままだと、俺なら全部鍋に入れて煮込んじゃいそうだ」

「そうね、次からは材料だけじゃなくて、作り方もチェックしなきゃ！」

「わたし、お姉さんが見せてくれたスパイスを入れる容器も、おっきな秘密だと思う。

スパイスの分量ってとても大切だってネットでも書いてあったし」

少し本格的に調べてみただけでもその奥深さがなんとなく感じられた。

おばあちゃんも、こんな色々なことを乗り越えて今のカレーに辿り着いたんだろうか。

「よし！　それじゃ、次行くよ！　色葉ちゃん！　次のお店は？」

「次は、シーフードカレーが評判のお店。歩いて30分くらいの場所だね」

腹ごなしの散歩にちょうどいい。それに、昨日からカレー三昧。食べたら動かないと太ってしまいそうだ。それは女子高生としてはとても大きな恐怖である。

「ありがとう！　じゃ、行きましょ……」

「ちょっと待ってくれ！」

急に真吾が大声を上げた。

「なっ、何よ真吾。どうしたの？」

「……食い過ぎで、横っ腹が痛い……」

「……はあ……」

なんかもう、ため息しか出ない。

あの後、わたしと色葉ちゃんは歩いて次のお店に向かい、真吾は少し休んでからダッシュで合流をした。

汗だくの状態でカレーを食べて、更に汗をかく真吾を見て、色葉ちゃんは心配していた。

なんていい子なんだ。真吾は放っておいても大丈夫なのよ、色葉ちゃん。

そんなことをしながら、結局2日目は三軒目に昆布や煮干しからとった出汁がベースの和風カレーのお店に行き、2日間で合計六軒のお店を食べ歩いて、19時ごろ、みんなで喫茶こよみに帰ってきた。

《カランコローン》とお店に入り、開いているテーブル席に倒れるように座り込んだ。

「……あぁ～！　もう、限ッ界！　食べたー!!」

「わたし……こんなにご飯食べたの、初めて……」

「…………」

真吾はもう何もしゃべることができないようだ。

二軒目のお店から、わたしと色葉ちゃんは一皿を2人でシェアしながら食べていたが、真吾はどのお店でも一人前以上のカレーを食べたのだ。

「……最初の大盛……あれが効いたな……」

「そういう問題じゃないでしょ」

絞り出すように、よく分からない負け惜しみのようなことを言う真吾であった。

「何はともあれ、色葉ちゃん、真吾、ひとまず2日間お疲れさま！　早速ノートにまとめていきましょう！」

色葉ちゃんと真吾も乗り気でテーブルの上にノートを広げ、今日食べたカレーのことやお店の人から教えてもらった情報、気付いたことなどを共有しイメージマップを増やしながら整理をしていく。

「昨日行ったカツカレーのお店は、スパイシーって感じだったよね」

「あ、分かる。スパイスの感じが強いっていうか。子どもには食べてもらいにくいかもね」

「そのあとのチキンカレーのお店はあんまり辛くなくて、うまいって感じたぜ。スパイスだけじゃなくて普通にスーパーで買えるルーやウスターソースも使ってるって言ってたよな」

「そうそう、だからとろみが強かったのかな。市販のルーもひとつの材料として使って、色々なオリジナル要素を入れてあの味になってるんだよね」

「野菜にこだわったカレーは、じゃがいもとにんじんも大きめで、おばあちゃんのカレーに似てたと思う」

「素材の味がしっかりしてたよな」

「……ノートを見ていて改めて思ったんだけど、ポークカレー、チキンカレー、そしてビーフカレーのお店にも行ったよね。色葉ちゃんと真吾はどれが好き？」

「うーん…俺はビーフのほうが好きだな！」

「わたしはポークかな。そういえば、どこのお店も具材とルーがすごくマッチしてたよね。」

「あ、わたしも同じこと考えてた。なんだか、どのお店もそれぞれ特徴があって、具材に合わせたルー作りにこだわってるように感じたわ」

「シーフードカレーは不思議な感じだったなー。あんな腹いっぱいだったのに、さらっと食べれたよな。オレンジピールを入れてすっきりした後味にしてるってメニューにも書いてあったな」

「和風カレーは店長さんが不愛想で怖かったけど、出汁が効いてすっごく優しい味だったよね。確かに、あそこのお店もスパイスの話あんまりしてなかったね」

みんなで感想を言い合うと、同じことを感じていたり、違う意見を持っていたり、発見が多い。


そんなことをしていると、おばあちゃんがこっちに近づいてきた。

「みんな、楽しそうだねぇ。いいことでもあったのかい？」

「うん！　2日間で六軒まわったんだけど、いっぱい勉強になったんだ！　今までおばあちゃんのカレーしか知らなかったけど、世界がグッと広がったように感じる！」

「いいねぇ。若いんだからたくさん食べて勉強するといいよ」

おばあちゃんはニコニコしている。

「…っよし、こんだけまとまれば充分だろ！　さっそく明日作ってみるか！」

「そうね、実践あるのみよ！」

わたしと真吾は興奮しながらノートを見つめ、どんな風に作ろうか胸を踊らせる。

すると色葉ちゃんがそろりと手を挙げた。

「あ、じゃ、じゃあ食べ合わせとかも考えてみたらどうかな」

食べ合わせ？　あんまり聞いたことがない。

頭に《ハテナ》を浮かべるわたしと真吾に、色葉ちゃんは分かりやすく説明を始める。

「食べ物にも相性があって、一緒に食べると体に色んな効果が期待できるの。食べるものによってもそれぞれ違ってくるのよ」

なんと。一緒に食べるものが違うだけでそんな効果があるなんて今まで考えたことがなかったけど、食べ物一つひとつに意味や効果があることが分かると面白い。

この2日間で食べた6種類のカレーにも、それぞれ作った人の想いや意味とかが詰め込まれているんだろうな。

「そういえば、インドでは〝アーユルヴェーダ〟っていう考え方があるんだって」

「なんだそりゃ？」

「インドでは、毎日の体調に合わせて食べるものを変えたりすることで、病気にならない、健康な体でいる、っていう考え方があるらしいの」

「……ということは、毎日インドのカレーを食べていれば、病気にならない健康体になれるってこと!?」

「それって、もうほとんど玖実じゃん」

「わたしの健康を支えてくれているのはおばあちゃんのカレーです〜」

そんな軽口を言い合いながら、書き連ねたノートを見る。

「……ん？　あ、これ……」

たまたま開けた〈一皿邸〉のページの端に、ガラムマサラの文字が見えた。

「これ、オーナーさんに教えてもらったスパイスだ」

わたしがつぶやくと、２人もわたしのノートを覗いてきた。

「そーいや、ほかのお店じゃ聞かなかったよな、それ」

「ガラムマサラって何なのかしら」

３人が３人とも頭に《ハテナ》を浮かべていたので、さっそくスマホでガラムマサラの検索をかけてみる。すると
「混合スパイス!?」

「3〜10種類のスパイスを調合したもの……だって」

なんとシナモンやナツメグを基本としたスパイスを調合した混合スパイスのことをいうらしいのだ。

これひとつでカレーを作ってしまう人もいるようだが、最初から調合されていると

いうこともあり、どちらかというと、初心者向けのスパイスらしい。

「へぇー初耳だぜ……つーことはあれか？　やっぱ色んなスパイス調合すると上手くなんのかな」

と言う真吾に
「いや、そういうわけじゃないと思うけど…でも自分たちなりに調合してみるのもいいかもね」

と色葉ちゃんが答える。

「よーし！　そうと決まれば早速行動ね。わたしたちのカレーにピッタリなスパイスをピックアップしましょう！」

そうしてわたしたちは再びノートと向かい合った。

「それぞれのお店の特徴とこだわり、しっかりと覚えてわたしたちのオリジナルカレーのヒントにしなきゃね！」

「あらまぁ、みんな頑張り屋さんだね。あたしは邪魔にならないように向こうにいるから、ほどほどにね」

おばあちゃんはそう言うと、カウンターの中に戻っていった。

それからも、今日カレーを食べて感じたことや、そのお店で聞いた材料、作り方のコツなんかをみんなで話し合い続けた。

家に帰ってすぐにお風呂に入り、部屋に戻ると、さっそくブルブルくんが声をかけてきた。

「いやー、玖実！　お疲れさま!!　今日もすごかったなー！　大食い番組見てるような気分やったで！」

「ははは、ありがと」

どこからともなく現れて机の上でウロチョロしながら話しかけてくる。そんな様子を見ていると、つい笑ってしまう。

「ブルブルくん、テンション高いね。どうしたのよ」

「いやな？　玖実がしっかり〝リサーチ〟をしてんのが嬉しくて、面白くてなぁ。今日つけてたノート、ボクにも見せてーや」

「カレー研究会のオリジナルカレーノートよ。ちゃんと覚えてよね」

そう言いながらノートを渡すと、ブルブルくんは楽しそうにノートを見始めた。

「ほほー、色々分析してるな〜。使ってる材料とか予想して、答え合わせとかもしてたんか」

「うん。ブルブルくんがくれた『秘密のスプーン』のおかげかな？　なんだか色んな味が感じられたよ」

「そりゃーよかったよかった！　あんだけ勉強は嫌って言うてた玖実が、こんだけたくさん考えて、ノートを書いてることが嬉しいわ！　あ、ちなみにな、玖実」

「ん？　何？」

ノートをめくる手を止め、ブルブルくんが満面の笑顔でこっちを見ながら
「あのスプーンで味の秘密が分かるってのな、ウソやねん」

と言った。

「……は!?　え、ちょっと！　どういうことよ!?」

「スプーンの効果やなくて、玖実自身が、ちゃんと味を分かってたんやで」

「……え？」

「確かに、ボクはウソをついた。〝この『秘密のスプーン』は、味の秘密が分かるんやで〟ってな。で、玖実はそれを信じて、この2日間カレーを食べた。そのたびに、

これは何を使っているのかな？　たぶんアレを使っているんだ。とか、色々考えたやろ。その時に玖実が感じたことは、ウソやなくて真実なんや」

ブルブルくんが続ける。

「それが、間違っててもええ。一流の料理人でも、百発百中なんてことはないやろし。ただ、真剣に味わって、真剣に考えた。それが大事やねん」

ブルブルくんがノートを指さす。

「【考えて、予測して、答えを聞いて、発見する。】今日の玖実は、それを何度も繰り返して、昨日の玖実より、カレーのことにめっちゃ詳しくなってる。で、それをちゃんとノートに残してる。人に話せるようになってる。それって、すっごいことやで」

ブルブルくんがわたしの手に寄りかかり、じっとこっちを見つめてくる。

「……確かに、いつもならおいしい！　って感じて、そのことをそれ以上考えてなかったかもしれない……『秘密のスプーン』があったから、このスプーンを使えば、味の秘密が分かるって思っていたから、色々考えて、２人にも伝えられたんだと思う……」

「せやろ？　それは、『秘密のスプーン』の力じゃなくて、玖実の力やねんで」

「…ブルブルくんありがとう、おかげで自信ついてきたよ！」

「そりゃよかったわ！　さっき伝えたことは全部ホンマやで。玖実、今めっちゃ成長してるで〜」

ニコニコしながらとても嬉しそうに褒めてくれるブルブルくん。なんだかこっちも嬉しくなってくる。

「じゃ、そろそろ寝るね。ブルブルくんもおやすみー」

「ほな、おやすみ〜」

パチっと電気を消して布団に入る。

この2日間で食べたカレーのことを思い出しながら、頭の中で色々な組み合わせを考えていると、自然と眠りに落ちていった。

ブルブルくんの教え

●ものごとは
前味・中味・後味が大事

●真剣に考えて、予測して、
答えを聞いて、発見する
それが大事
それを繰り返すことで
成長する

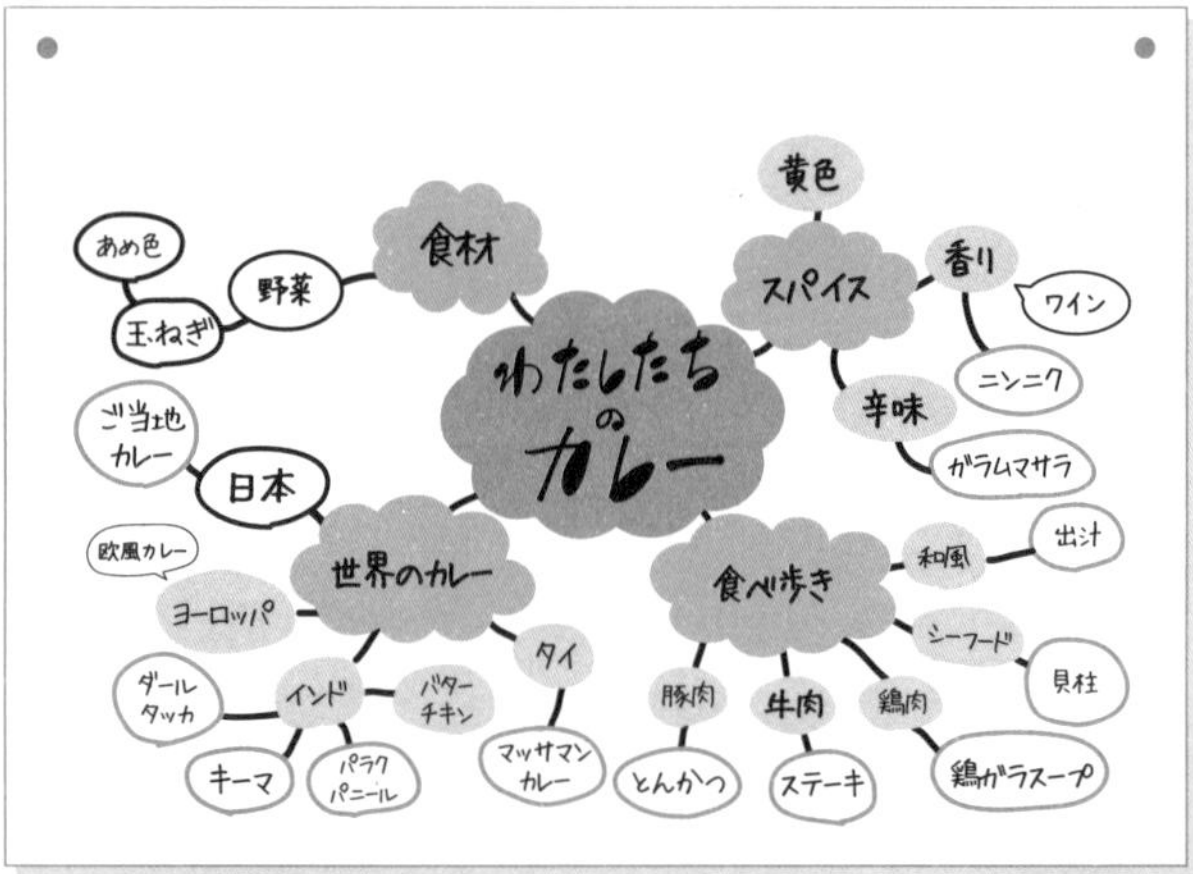

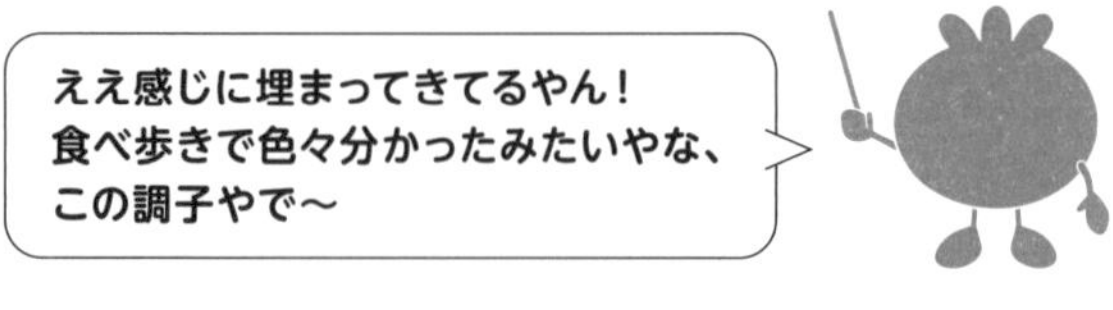

第4章

「心のコップ」は上向きに

お弁当にカレー、放課後にもまたカレー。毎日カレーを食べる日々が始まった。

単純に分量を変えてみる。材料を変えてみる。煮る時間を変えてみる。

おばあちゃんに許可を取って、喫茶こよみのコンロをひとつ借りた。

放課後はそこで色葉ちゃんや真吾とひたすらオリジナルレシピをバージョンアップしていった。

作ったカレーは自分たちで食べるのはもちろん、学校に持って行ってみんなに食べてもらったりした。

クオリティも少しずつ上がってきて、たまに新しいレシピに挑戦してみたり、別のお店のレシピを再現してみたりと、カレー漬けの日々だった。

そんなわたしたちの活動は、学校でもちょっと有名になってきた。

「カレー研究会のやつらは、毎日お弁当もカレーらしい」「放課後、毎日カレーの特訓をしているらしい」「町中のカレー屋と知り合いらしい」などなど。

本格的な夏の暑さを感じるそんなある日の放課後、調理実習室に向かう途中で女子野球部のコーチから声をかけられた。

「ねぇ、香坂さん。夏休みにさ、わたしたち学校で合宿をするんだけど、香坂さんたちのカレー、作ってもらえないかなーと思って。材料費はこっちの部費から出すし」

なんと！　願ってもない話だ！

「ぜんぜんオッケーです！　むしろ喜んで！　他のメンバーにも伝えてきます！」

わたしは急いで教室に向かい、先に到着していた色葉ちゃんと真吾にさっきのことを伝えた。

「それ、いいね！　夏休み中にわたしたち以外の感想も聞けるし、いい経験になると思うな」

「女子野球部の合宿に参加できる！　最高じゃねぇか！　ウハウハだぜ‼」

「真吾くん、本音が漏れてるよ」

真吾……遂に色葉ちゃんからもツッコミを受けるようになってしまったか。

「えっ⁉　いやいや、んなことないって！　あ、あれだよ！　大会当日は、お客さんたくさん来るだろ？　その時のための、大量に作る練習にもなってラッキーだと思うぜ⁉」

確かに、それも一理ある。

「これは、結構な用意が必要そうだね」

「じゃあ、食堂の調理場を借りよう」

「材料もちゃんと準備しなきゃな」

みんなで計画を立てる。

「オリジナルカレーレシピも、まだまだ問題は山積みだし、今回の合宿で経験を積んでレシピの完成に近づけようね！」

オー！　と、みんなで気合を入れる。窓の外から聞こえるセミの声もまるでわたしたちの事を応援してくれているようだ。

気が付けば、大会までもう一ヵ月を切っていた。

ここからが勝負になりそうだ。


合宿当日、わたしたちはお昼過ぎに食堂の調理場に集まっていた。

「色葉ちゃん、真吾、今日はカレー研究会、初の実戦よ。相手は女子野球部員たち……彼女たちの胃袋に、わたしたちのカレーを刻み込むのよ！」

「玖実ちゃん、なんだか言い回しが物騒だよ」

「気合入ってんな……オレはもうクタクタだよ……」

笑う色葉ちゃんの横で、真吾は机に突っ伏してぐったりとしていた。

朝からみんなで買い出しに行き、真吾には大量の重い食材を運んでもらっていたのだ。

「真吾ってば情けないわね、まだ買い出しが終わっただけじゃない。戦いはこれからよ！」

初めて入る食堂の調理場は、想像以上に広かった。

大きな寸胴鍋に、広い調理用のシルバーのテーブル。

料理のプロが使う場所って感じがする。

そして、そのテーブルの上には大量の食材がどどーん！　とのっていた。

「改めて見ると、すごい量だね」

「あぁ、これは、確かに戦いって感じだぜ」

色葉ちゃんと真吾がごくり、と唾を飲み込んだ。

わたしは、テーブルの上にある大量の食材を見渡し、

「さて…やりますかっ!!」

と、一緒に調理に取り掛かることにした。

真吾は大量の食材を切り分け、色葉ちゃんはお米を研いでご飯を炊き、わたしはスパイスの調合、3人でそれぞれ手分けをした。

そして、今まで使ったことがないような大きなお鍋でアメ色玉ねぎを大量に作っていった。

全て分量をしっかりと計り、ミスがないように作っていった。

それにしても……すごい量だ。

予想以上に時間がかかってしまい、気が付けば女子野球部の練習が終わる19時前になっていた。

「ねぇ、もうすぐ女子野球部の人たち来ちゃうんじゃない？」色葉ちゃんが心配そうに聞いてきた。

「玖実、これ、間に合うのかよ、やばくねぇか」能天気な真吾もさすがに焦りの色が隠せない。

「待って、あともうちょっと……」

あわてて作ったので、途中から段取りが狂ってしまった。

もう時間がない。本当はもうちょっと煮込む時間が欲しかったが
「よし、これでなんとかいけそうじゃない？」

急いで3人で試食をする。

……あれ？　いつもと、なんか違う……

なんとなーく、違和感があった。

「なんか、ちょっとコクが弱い気がする……」

「そうだよね、とろみも少ないし、匂いもなんか変な気がするよね……？」

「そうか？　俺は特に気にならないけど……」

食べられないほどではないけど、今まで作っていたものに比べたらずいぶんお粗末なものになってしまった。どうしよう……こんなものをみんなに食べてもらうなんて
……でも作り直している時間も材料もないし……

そうこうしているうちに19時になり、女子野球部員たちの声が遠くから聞こえてきた。

「あぁ〜〜〜！　疲れたぁー！　もうお腹ペコペコだよー!!」

「今日って確か、カレー研究会の人たちがごはんを作ってくれてるんだよね？」

「そうなんだ、楽しみだね！　でも、この匂いって……？」

「なんかさ……ちょっと臭くない？」

「あ、研究会の人たちだ！　今日はありがとー！」

　みんなでワイワイと話しながら食堂に入ってくる。


「……玖実ちゃん、どうする？」

「うん……」

　迷っているわたしたちに真吾が声をかける。

「そんな心配すんなって！　俺たち一生懸命作ったんだからさ。みんな、部活お疲れさま！　俺たちカレー研究会を呼んでくれてありがとな！　今日は、俺たちのオリジナルカレーを食べて疲れを吹き飛ばしてくれよ！　ってなわけで、みんなここから順に並んでくれ！」

　すぐに長蛇の列ができた。

　真吾がお皿とスプーンを用意して、色葉ちゃんがご飯をよそって、わたしがカレーをかける。

見事なコンビネーションで、あっという間にみんなに行き渡った。

「わたしたち、8月にある洛央商店街のカレー大会に出るために頑張ってるの。実はまだレシピは模索中で……今日はその……ちょっといつもとは違う感じになったんだけど。もっとおいしくなるようにするから、食べたら色々、感想を教えてね！　それではご一緒に……」

「「いただきます！」」

みんなが一斉にカレーを食べ始めた。


「うーん……なんだろ」

「家で食べるのと全然違うね、これがオリジナルの味かな」

「なんか、初めて食べる味……正直苦手かも」

お腹ペコペコのはずの部員の手が止まり、食堂は気まずい雰囲気に包まれた。

やっぱり……、出さなきゃよかった。

みんなに喜んでもらえないカレーを出してしまった恥ずかしさとやるせなさに、わたしはぐっと拳《こぶし》を握り締め、うつむいた。

真吾はそれでもみんなに感想を聞いてくれている。

みんなそれぞれに「大会頑張ってね」「完成楽しみにしてるよ」と言ってくれたらしいのだが
「おかわりの人はこちらへどうぞー！」

と言っても、誰もおかわりをしてくれず、大きな鍋には結構な量のカレーが残ってしまった。

そんな中、テーブルの奥のほうでスプーンににんじんをのせて、首をかしげている子が目に入った。

どうやら1年生のようだ。

思い切ってその子に声をかける。

「あの、どうかな？　よかったら感想聞かせてもらえないかな？」

「あっ、はい……えっと」

何か、もごもごと言いにくそうな感じだった。

「わたしたち、このカレーをもっとおいしくしたいんだ！　だから、言いにくい事でも、教えてほしいの！」

そういうと、その子は少しためらいながら口を開いた。

「……じゃがいもやにんじんがおいしくないかな……って」

「？ ……え？ どういうこと？」

「わたし北海道出身で、実家が農家をやってるんですけど、その影響か野菜の甘味とかに敏感で……だから素材の味が消えちゃってるなって……」

素材の味……？

その言葉にわたしが色々と考え込んでいると、顧問の先生が声を上げた。

「はーい！ これ以上食べる人はいないかな？ お皿は洗って返してね」

女子野球部のみんなはそれぞれ食器を片付け、食堂をあとにした。

みんなを見送った後、緊張の糸がぷつりと切れたように、わたしたちは同時に椅子に座り込んだ。

「あぁぁぁ〜〜〜、疲れた〜〜〜」

急にどっと疲れを感じて、机の上に突っ伏した。

「なんだか……一日中立ちっぱなしだったね……」

色葉ちゃんの声にも力がない。

「料理し続けるって、体力勝負なんだな……食堂のおばちゃん、尊敬するぜ……」

真吾もがっくりとうなだれていた。

「本当にいつもと全然違ったね。おかわりする子はいなかったし、ぜんぜん思った通りの味にならなかった……」

食べている時のみんなの微妙な顔を思い出すとがっくりときてしまう。

「思い通りの味にならなかったのは、わたしのせいかも……。スパイスの調合、失敗してしまって独特な匂いがするって言われちゃった」

「大量に作ったの初めてだったし、しょうがないよ。また頑張ろう！」

と色葉ちゃんが励ましてくれた。

「あ、それと、最後に話を聞いた子が、じゃがいもやにんじんがおいしくないって言ってたんだけど、どうしてだろう？」

「そうだよな……。別に傷んだ野菜を使った訳じゃなくて、スーパーで買ってきた野菜を使ったんだけどな……」

「他にもコゲ臭い、とか言ってたな」

「えっ、コゲ臭い!?」

驚いたわたしは急いで寸胴鍋の底をかき混ぜた。

するとコゲのかたまりが浮き上がってくるではないか。

「これか……」

大量のカレー作りでルーを焦がす大失態をしてしまったのだ。

ショックと疲れで、わたしたちは調理場でただ呆然とするばかりだった。


次の日。

昨日の失敗の原因を解明するため、わたしたちは調理実習室で頭を悩ませていた。

色葉ちゃんはお米を炊くのと野菜を切る担当、真吾は肉と大量の玉ねぎを炒める担当。わたしはスパイス作りと全体の担当となって動いている。

「おなかすいたね……」

色葉ちゃんがそっとつぶやいた。煮詰まったであろうお鍋のふたを、布巾でつかんで開けると、鍋の中には今まで以上に独特な匂いが。

「…ど、どうだ？」

真吾が待ちきれないといった様子で身を乗り出している。色葉ちゃんとわたしも覗き込んでみる。

「う、う〜ん……？」


その時、《ガラガラ》と調理実習室のドアが勢いよく開いた。３人で一斉にそっちを見ると
「あらあら、なんだか不思議な匂いがすると思ったら…カレー研究会のみなさんじゃない。一体何をされているの？」

そこには蘭ちゃんがいた。仁王立ちで腕を組みながら見下げてくる蘭ちゃんの姿は、完全にお嬢様…いや、もはや女王様である。

「ら、蘭ちゃん…」

「…何か用？」

今回ばかりは邪魔されたくない。

しかし、そんな色葉ちゃんやわたしの言葉を無視して蘭ちゃんは

「もしかして、カレーを作っているのかしら？」

ずかずかと調理実習室に入ってくる。そして、鍋を覗き込んで

「なんですか、この匂いは…あまりにも臭すぎますわ。あなたたち、こんなお粗末なものをお客様にご提供なさるおつもり？」

「んなっ……っ!!　せっかくみんなで作ったのになんてこと言うのよ！」

そのあまりにも無神経な言葉に、ふつふつと怒りが湧き出てくる。

「お、おい蘭ちゃん、それはいくらなんでも言いすぎだぜ」

真吾が仲裁に入ろうとした。

すると、蘭ちゃんがさも平然と

「スパイスは何を使っておられますの？　まぁ恐らくガラムマサラを使ったんでしょうね。それだけならまだしも、ほかに何種類も混ぜ込んだってところかしら」

「えっ……!!」

図星をつかれ、わたしは思わず固まってしまう。

蘭ちゃんは止まることなく続ける。

「全く、呆れましたわ。スパイスについて理解されていないようね」

バンッ!!

調理台を思いっきり叩いてしまった。すると置かれていた調味料や野菜類が、ドミノみたいに横倒しになる。勢いよく叩いたせいで掌がじんわり痛くなってくるが、そんなものはおかまいなしだ。

「さっきから……！　さっきから聞いていればこんなものとか、理解してないとか！　勝手に入ってきてよく好き放題言えるわねッ!?　邪魔したいの!?」

もう、我慢の限界だった。怒りがわたしの肩を震わせている。

しばらく沈黙が続く調理実習室。そんな静けさを破るように蘭ちゃんが大きなため息をついた。

「はあ…、あなたたち、カレーの研究されたんでしょう？　スパイスの重要性は勉強されなかったのかしら？」

スパイスの……重要性？

「インドカレーで使われるスパイスは15種類前後で作られていますの。市販のルーは約50種類、わたくしは30種類のスパイスを調合しましたわ。あなたたちは何種類お使いになったの？」

「…わたしたちは6種類……」

「それは何を？」

「そ、そんなの、教えられるわけないでしょ！」

ライバルである蘭ちゃんに、そう簡単に大事なスパイスのことを教えられるわけがない。

「別に教えていただかなくても香りで分かりますわ。ガラムマサラの他には、コリアンダー、クミン、ターメリックなどを使っているのではなくて？　これ以上のものが作れず、時間ばかり経つのであれば市販のルーをお使いになっては？」

何も言い返せず、黙り込んでしまったわたしたちを横目に、蘭ちゃんがさらに続ける。

「コリアンダーは色んなスパイスのバランスを取ってくれますのよ。でも、和名で亀虫草と呼ばれているように、入れすぎると臭くなる原因になるから、注意が必要ですわ。あなたたちのカレーが青臭いのも、このスパイスの影響でしょうね。クミンは食欲をかき立たせるいい匂いをさせるために一番大事ともいえるスパイス、ターメリックはカレーの黄色い色付けに活躍するスパイス。そして、この3種類のスパイスをどれくらいの割合で調合するか、作る時の分量をどうするか、それだけでも味は変わりますのよ。わたくしならまずは、この3種類だけで作りますわ」

蘭ちゃんはわたしに視線を向け、ちらり、とわたしの後ろにいる色葉ちゃんと真吾を見る。

そうしてまた笑みを浮かべて
「…まあいいわ。今日はたまたま学校に用事があって来ていただけなの。もう帰らせていただきますわ。わたくしはあなたがたと違って忙しいので」

言いたいことだけ言って、蘭ちゃんは扉から出ていく。

廊下を歩く足音が聞こえなくなると、真吾が若干焦ったように玖実に話しかける。

「き、気にすんなって玖実！　食べてみようぜ！」

腹減ったな～！　なんて言いながらカレーを盛り付ける真吾。

それに続いて色葉ちゃんもカレーをよそって食べている。

そんな2人をよそに、わたしは肩をワナワナと震わせ、蘭ちゃんが言っていたことを考えていた。

蘭ちゃんの言っていることは分かる。でも、3人で沢山調べて、考えて、スパイスを選んだのよ？　そうして作ったカレーがお粗末だなんてそんなこと…食べてみないと分からないじゃない。

そんな中、1人うつむいて食べていた色葉ちゃんが手を止める。

「？　どうした？　色葉ちゃん」

真吾が声をかける。

「…………」

「…どうしたの？」

わたしも思わず声をかける。

すると、黙っていた色葉ちゃんが、スプーンをお皿に置いて一言。

「………おいしくないわ」

と、つぶやいた。

「えっ!?」

「…え？」

色葉ちゃんの一言に真吾は驚き、わたしはショックでカシャーーーン…と持っていたスプーンを落としてしまった。

「お…おいしく…な、い……」

蘭ちゃんに言われたこともかなり心に刺さったが、研究会のメンバーに言われるとまた、強烈である。

「あっごめんね、違うのよ！　味は前より、おいしくなってるの！　…でも何か…微妙に違う気がして…これが蘭ちゃんの言ってたスパイスの重要性ってことかな」

そう言うと何が違うのかとノートを取りだす色葉ちゃん。

その言葉に驚いて、わたしも一口ひとくち味わうように食べ始めた。

味は、前よりよくなっている気がする。でも何か…何かが違うような…

「確かに…色葉ちゃんの言う通りなんというか…味にまとまりがない気がする。それに匂いがきついわね…」

そういえば、一皿邸でもコリアンダーを使っているってお姉さんは言ってたけど、あそこのカレーは臭くなかったな…

「…あれ、蘭ちゃん、もしかして…」

何かに気付いたように色葉ちゃんが声を上げる。

わたしも同じ考えに行きついていた。

料理について一番詳しいのは彼女だ。

スパイスがいかに大切か、彼女なりに教えてくれていたんだろう。

「もしかしなくても、だな…あれで教えた気になってんだなぁ」

「そうだね…次はスパイスも調べなきゃ！」

2人の会話を聞きながらわたしは1人モヤモヤしていた。

教えてくれるにしても、あんな言い方しなくてもいいじゃない。

わたしの中のモヤモヤは収まらない。

それどころか反骨精神まで芽生えていた。

蘭ちゃんに教えてもらわなくてもスパイスのことに自分たちで気付けた、そう思いたくて何も言えずにいると、下校のチャイムが鳴り、ハッと我に返る。

「やば！　早く片付けなきゃ！」

「まてまて引っ張んなって…うわぁ！」

ガシャーーーン!!

あたり一面に食器類が散乱する。

……片付けに時間がかかりそうだ。


家に帰って、倒れこむようにベッドに入ったが、なかなか眠れずスマホを見ると、深夜の0時をまわっていた。

この二日間の出来事が思い出される。

大量に作ったカレーをおいしくできなかった、それにスパイスのことも全然分かってなかった……

はぁーとため息がもれる。

いっぱい調べて頑張ってるのに……わたし、自惚れてただけだったのかも…

でも、もう大会まで一ヵ月もないし、全員の意見を取り入れてる余裕はないよね。

コゲの問題はどうにかするにしてもベースは今のレシピのままで…


「玖実、もしかして、今妥協しようとしたんちゃうか？」

「っ!?」

いきなり聞こえた声に叫びそうになるのをすんでのところでこらえる。

「急に出てこないでよ!!　心臓止まるかと思ったじゃない!!」

「はっはっは！　おばけちゃうで！　ボクです！　ブルブルくんです！」

めっちゃビビってるやん、と笑いながらブルブルくんがピョコっと立ち上がった。

夜中であることを思い出し、声をひそめてブルブルくんに話しかける。

「夜中にどうしたのよ」

「いや、なんか玖実がブツブツ言うてたからこっそり聞いてたんや。そしたら今のまま強行突破しようとしてたからあわてて止めに入ったっちゅーわけや」

「だって、大会までもう時間ないんだよ？　改良するにしても全員の意見を取り入れるなんて無理だよ」

「やからって妥協してもええんか？　そんなんでみんなが幸せになれると思うんか？」

「……ううん、思わない」

「やろ？　諦めたらそこで試合終了やで。あとな、玖実、さっき一ヵ月〝も〟ないって言うてたけどまだそんだけ時間残ってるやん！　まだまだやれることあるんちゃうか？」

ブルブルくんの言っていることはよく分かる。

「でも……」

「でも？」

「……味の好みってやっぱりみんな違うし。わたしたち、すごく勉強と研究をしているのに、何が間違ってるのか、何が足りてないのか分からないの」

ぽつりぽつりと、ブルブルくんに考えていることを打ち明ける。

「そうかそうか……玖実、ひとつ、面白いたとえ話教えたるわ」

「たとえ話？」

「せや」

ブルブルくんが空中に絵を描きながら話し始めた。そんなこともできるのか。

「人はな、みんなそれぞれ心の中にコップがあんねん」

「……心の中に、コップ？」

「せや。あの、水を飲むためのコップや。それは、人によって大きいコップかもしれへんし、絵とか取っ手がついているかもしれへん。10人いれば10通りある。玖実は自分のコップ、想像できるか？」

「自分のコップ……」

頭に浮かんできたのは、おばあちゃんの喫茶店でわたし専用になっている、お気に入りのマグカップだった。

「そのコップが、逆さまに置かれていたとしたら、どうなる？」

「どうって……何も入らないよ」

「そう、コップが逆さまやと、水を注がれても受け止めることができひんねん」

ブルブルくんが、コップに水が注がれる絵を描く。

「【心のコップは上向きにした方がええねん。素直な気持ちでものごとを受け入れるんや。すると、やがてコップは満たされていって、豊かな心になるんや】」

「今、玖実の心のコップはどうなってる？」

わたしの心のコップは……

「逆さまではないと思う。でも、ちょっと傾いてて、水が上手く注げないかも」

「そうか、それは、ちょっともったいないかもな」

わたしも、そんな気がした。

「心のコップを上向きにして、今日あったこと、もう1回思い出してみ?」

ゆっくりと、心のコップを上向きにするイメージをして、部員たちが言ってくれたことを思い出してみる。

匂いがきつすぎる、野菜がおいしくない……素材の味……

今まではわたしたちの考えや好みだけで必死で作っていて、まわりの人の意見に耳を傾けたことがなかったかもしれない。

どうすれば、みんなが注いでくれた水が上手く入るのか。

どうすれば、みんなが気持ちよく水が入ったと感じてくれるのか。

わたしはふうっと大きく深呼吸し、自分の心の中のコップと向き合った。

次の日、わたしたちはいつものように教室に集まった。

わたしは早速、昨日ブルブルくんに教えてもらった心のコップの話を色葉ちゃんと真吾にも伝えた。

「わたしたちが調べてきたことをもとに、合宿でもらった感想とか意見とか…蘭ちゃんに教えてもらったスパイスのことも取り入れて、レシピを再考しようと思うの」

わたしはノートを手にしながら伝える。

「そうだね、もっとおいしくしたいもんね」

「前回の大量カレーは大失敗だったからなぁ」

色葉ちゃんも真吾も想いは同じだ。


「じゃあさっそくノートにまとめていきましょ！」

そうしてオリジナルカレーノートを3人で見返していると、色々なお店のリサーチから学んだことでいつの間にかノートがイメージマップで埋め尽くされていた。

「なんか、いつの間にか充実したノートになってきてるよな…」

「そうね…こんなにたくさん調べてたのね」

「……とはいえ、ここからが問題だよね」

神妙な顔で色葉ちゃんが言った。

「そうだよな……これまで得た情報をもとに、俺たちのカレーを完成させなきゃいけないんだもんな……」

珍しく、真吾も真面目な表情で悩んでいた。

「そう、そこなのよ。今、わたしたちの頭と体とノートには6種類のレシピがあるわ。これに、おばあちゃんのカレーを入れると、7種類……それぞれ、よかったところとか、感動したところ、おいしかったところを改めてピックアップしてみましょ！　まずはそこからよ！」

そこから3人で改めてお互いのノートを見せ合いっこしながら色んな意見を出し合った。

「やっぱり、一皿邸のカレーの旨味は、今でも覚えてるわ」

「あの〝すごく辛い！〟って感じからの爽やかさって癖になりそうだよね」

「結構、具があるのとないのとでも分かれたよな」

「日本のカレーは具が大きいものが多かったわよね」

1人で考えるより、3人で考えた方が色々な意見が出て、イメージが広がっていく。

そして、3人でここまでやってきて思ったこと、感じたこと、ひらめいたことを話し合った結果、ひとつの答えが出てきた。

「わたしはやっぱりおばあちゃんのカレーが大好きで、ここまで来たと思ってる。だから、やっぱり基本は具が大きめの、馴染みのある日本のカレーを作りたい」

「その意見にわたしも賛成！」

「やっぱり、俺らが目指すのは、ばーちゃんのカレーだよな。ここに、スパイスの驚きとかおいしさを上手く取り入れたオリジナルカレーを作れたらいいな！」

「じゃあ、ルーの部分は、一皿邸のお姉さんと、蘭ちゃんが教えてくれたスパイスを取り入れてみて……」

「野菜の種類を増やしてさ……」

どんどんアイデアが湧き出てくる。すると突然、真吾が
「そういえば俺、合宿の時に1年生の子が言ってくれたことで気付いたんだけど、やっぱり素材の良し悪しで大きく変わってくるんじゃないかなって…」

「素材？」

「そう！　いくら味がよくても素材自体が悪いとおいしくなくなってしまうと思うんだ。だから…俺、素材を探しに行ってみるぜ！」

いつにも増して頼もしく思えた真吾に、わたしもスパイスの調合を頑張らないと！

と奮い立たされた。色葉ちゃんや真吾とカレーについて話していると、わたしたち3人はOneチームになっているなと実感する。

同じ目標に向かって行動する仲間としてさらに団結力を高めたいと考えたわたしは、ある提案をした。

「ねえねえ！　そろそろわたしたちも名前を付けない？　蘭ちゃんの〝マリアージュ〟みたいにさ」

「確かにな。星桜高校カレー研究会オリジナルカレーとか？」

「うーん、ちょっと長くない？　言いづらいよ」

「みんなに覚えてもらえるような名前がいいよなぁ」

わたしと真吾がどんな名前がいいか悩んでいると、すっと色葉ちゃんが手を挙げる。

「あ、じゃあ〝Grandma〟…とかどうかな」

「グランマ？　なんか、グランドマザーと似てるね。それってどういう意味？」

「グランドマザーは英語で〝おばあ様〟とか、〝祖母〟って意味なんだけど、グランマは〝おばあちゃん〟って意味なの」

真吾が色葉ちゃんの隣でへえー！　と感心している。

なるほど。このカレーにぴったりの名前だ。

「いいじゃん！　それに賛成！」

「俺も！」

わたしたちのカレー〝Grandma〟が、少しずつ形になっていく。なんだかとても
ワクワクした。

ブルブルくんの教え

- 心のコップは上向きに
- 素直な気持ちでものごとを受け入れると、やがてコップは満たされて、豊かな心になる

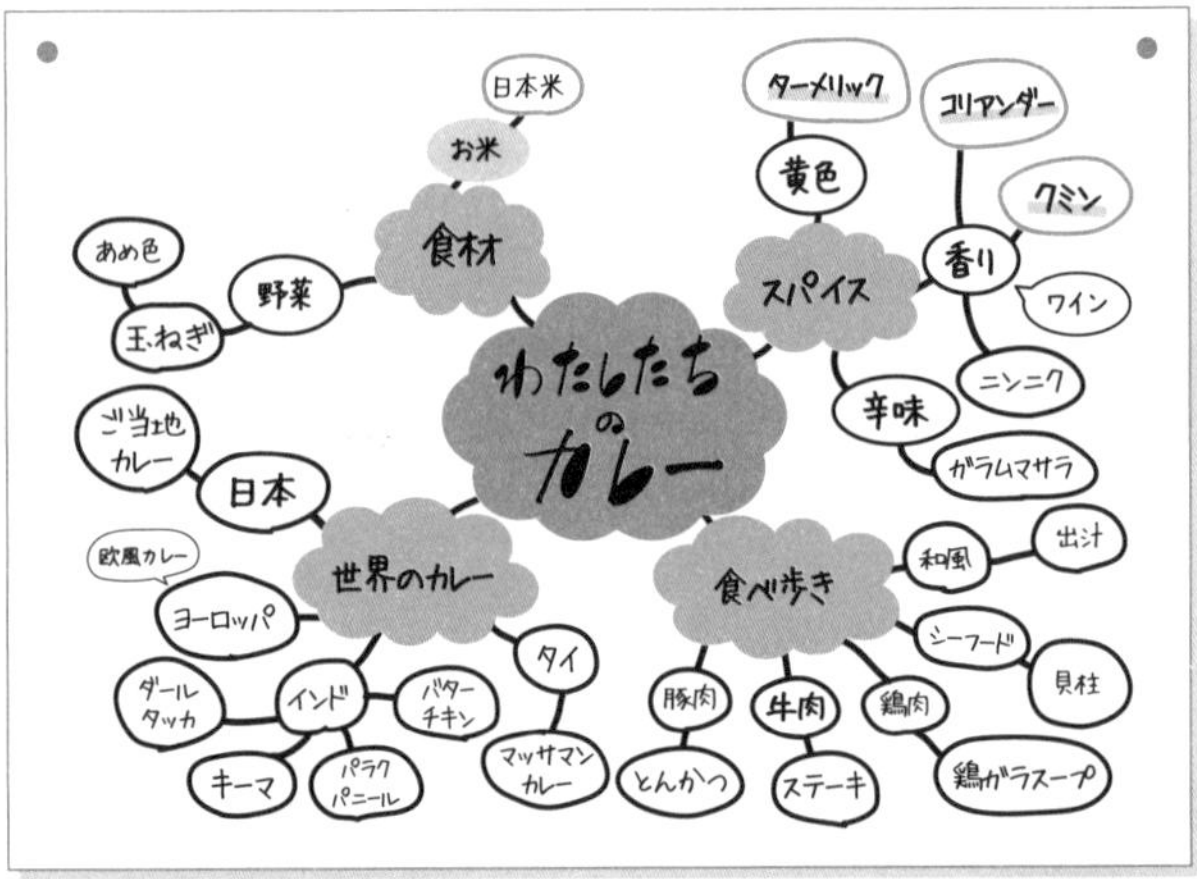

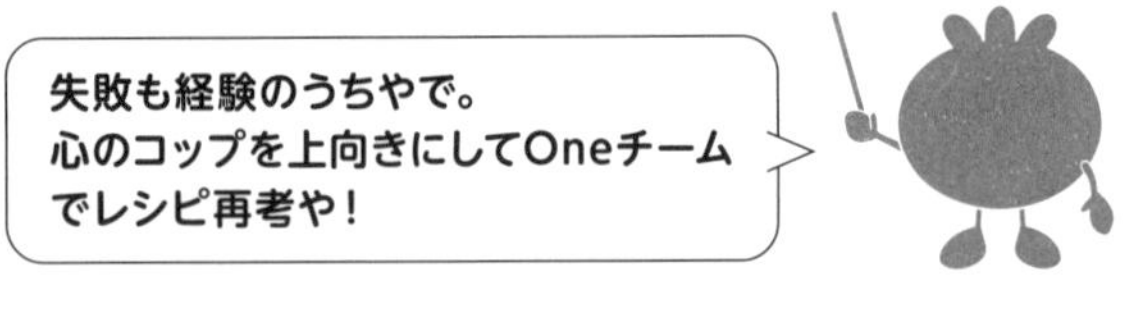

第5章

本物との出逢い

暑さの厳しい8月初旬、わたしと色葉ちゃんは商店街の入り口前で真吾のことを待っていた。どうやら何か進展があったようで昨日の夜、急に

「食材のことで相談したいことがある。明日の朝8時に洛央商店街の入り口前集合。絶対遅れんなよ！」

という旨の連絡がきたのだ。

そんなわけで色葉ちゃんと2人、指定の場所で真吾を待っている。しかし、肝心の本人が来ないではないか。

約束の時間を、5分ほど過ぎていた。

「真吾……呼び出しておきながら遅刻するってどういうことよ……大会までもう日にちがないってのに！」

「まあまあ玖実ちゃん。きっとそのうち来るよ」

なんて色葉ちゃんは言うけど、こうも暑いとイライラしてしまうのが人間だ。わたしたちをジリジリと太陽が照り付けている。

色葉ちゃんになだめられながら待っていると、遠くから真吾の声がした。

「玖実ぃ〜！　色葉ちゃ〜ん！　おまたせ！」

声のほうを見ると、ワゴン車の助手席の窓から手を振る真吾が………

「……んん？」

目の前に砂煙をあげて止まる見覚えのあるワゴン車。運転席には喫茶こよみの常連客の1人、洛央商店街にある青果店の店長 若菜さんが乗っている。

若菜さんとともに颯爽と登場した真吾は、助手席のドアを開けるや否や

「いやー遅れてわりぃ！　じゃ、早速行こうぜ」

「行こうぜって……一体どこに？　というか何で若菜さんの車に乗ってるの？」

突然の展開についていけないでいると、真吾はさも当たり前のようにこう言った。

「どこって、カレーの食材調達に決まってるだろ」

わたしたちは車に乗るよう促され、ワゴン車のドアを開けた。

すると、後部座席には牛尾さんと米川さんがニコニコ笑って座っていた。

「よぉ、玖実ちゃん！　遅れてすまんね！　若い子とドライブなんて久しぶりだから

な、つい張り切って準備してきちまったよ」

わっはっは！　と豪快に笑う牛尾さん。

「色葉ちゃんも久しぶりだねぇ～」

やわらかく笑って挨拶をしてくれる米川さん。

わたしと色葉ちゃんはこれから何が起こるのか想像もつかなかった。


気が付くとワゴン車は田舎道を走っていた。左右には田んぼが広がり、遠くには見渡す限り山が続いている。

詳しい話を聞くとこうだ。

合宿の時に聞いた「野菜の味がイマイチ」という感想を真吾なりに考え、自分たちで実際に見て現地調達できるように、若菜さんたちに掛け合ってくれていたらしい。

「なるほど……だから農家さんに頼んで、現地調達ってわけなのね」

「すごいね、真吾くん」

と色葉ちゃんが真吾を褒める。真吾は顔を赤らめて照れているようだ。

「いや～しかし、真吾くんたちは面白いことを考えるねぇ」

運転席から若菜さんが声をかけてくれた。

「突然真吾くんが『本物の野菜を教えてください！』って店に来た時は、一体何事かと思ったよ～」

そして若菜さんが、あっはっはっは、と笑う。

「でも、話を聞くと納得だよね。高校生なのに、料理に対してそんなに向き合う子なんて、なかなかいないよ」

真吾の真剣な姿を見た若菜さんが「じゃ、僕が知ってる中で一番おいしい野菜を作る農家さんのところ、行ってみよっか？」と車を出してくれることになったのだ。

するとその話を聞いていた牛尾さんが付け加える。

「その話を喫茶こよみで集まった時に聞いてよ、そういうことならって思って俺たちもついてきたってわけよ」

「玖実ちゃんも水臭いよな～、俺たち毎日喫茶こよみにいるんだから協力させてくれよな～！」

と米川さんもうんうんと頷きながら聞いている。

そうこうしているうちに、若菜さんはある農家の前で車を停めた。

「着いたよ。ここが、ウチで一番いい野菜を作ってくれてる農家さんだよ」

ビニールハウスがたくさん並んでいるところを抜けた場所に、古い民家があった。

「農家の人を呼んでくるからちょっとここで待ってな」

そう言って若菜さんは民家のほうへと向かって行った。


「わたし、こんなに広い畑初めて見た！」

そう言いながらわたしは改めて辺りを見回す。

「わたしも！　ここまで来る道でも田んぼがいっぱいあったよね」

見慣れない景色に色葉ちゃんも少し興奮しているようだ。

「若菜さんから話は聞いてたけど、俺も実際に来るのは初めてだな。なんかドキドキしてきた」

興奮気味なのは真吾も同じようで、ずっとそわそわとしている。

そんなわたしたちの様子を見ながら牛尾さんと米川さんが笑っている。

「まさかこんな新鮮な反応が見られるとは思ってなかったなぁ」

と、腕を組みながら喜んでいる牛尾さんに
「でも、驚くのはまだ早いよ。これからもっと体験してもらうことがあるからね」
と、米川さんが続ける。

そんなことを話していると若菜さんが農家の人を連れて戻ってきた。

農家のおじいちゃんとおばあちゃんは朗らかな笑顔で迎えてくれた。

「ほぉ〜、その子たちかい？　ワシらの話を聞きたいってぇ子どもらは…今どき珍しい子だねぇ〜」

「初めまして。俺、和多部真吾って言います。本日は急なお願いを受け入れてくれてありがとうございます。今日一日お世話になります」

真吾が前に出て挨拶をする。

普段はチャラい印象が強く、調子のいいことしか言わないヤツだが、意外とこういう時はしっかりしているのだ。

真吾に続き、わたしと色葉ちゃんも挨拶をする。

「香坂玖実です。今日はよろしくお願いします」

「黄崎色葉です。お忙しい中ありがとうございます。よろしくお願いします」

「3人とも礼儀正しいねぇ。ささ、外は暑いだろう、上がっていってよ。おまえ、お茶入れてあげて」

「はぁい。さあ、こっちへいらっしゃい。すぐに冷たいお茶を持ってきますからね」

「「「ありがとうございます！」」」

わたしと色葉ちゃん、真吾の声が重なる。3人とも喉が渇いていたのだ。

いくら車の中は涼しかったとはいえ、外の気温は変わらない。車外に出たわたしたちの身体にはじっとりと汗がにじんでいた。

わたしたちは意気揚々とついて行った。


農家の人たちはわたしたちを歓迎してくれた。お茶を飲んだあと、畑に案内してくれて、食べ方、知識、想いなどを聞かせてくれた。なかでも農薬についての話は特に興味深かった。

「玖実ちゃんたちはスーパーで野菜コーナーを見たりするか？　その時どんなことを意識して野菜を選んどる？」

「そうですね…やっぱり色や形、大きさを気にすることが多いです」

「そうかそうか。じゃあなんでスーパーにある野菜は全部形が綺麗で、虫食いがねぇと思う？」

農家のおじいちゃんが、首にかけたタオルで顔を拭きながら尋ねる。

その問いにわたしたちはう〜んと考え込んでしまった。すると、おじいちゃんはにっこり笑って
「正解はな、農薬を使っとるからだよ」

「そっか、だからあんなに綺麗なんですね。」

「確かにねぇ…農薬を使えば形がよくて虫もつかない綺麗な野菜が作れる。農薬を使うのが悪いとは言わねぇが、虫も食わんような野菜を人間が食べるってのも変な話だろ？」

言われてみると確かにそうだ。今まで意識してなかったけど考えてみると不思議な話である。

「形がいびつでも、ちゃんと栄養を吸って育った野菜は、野菜本来の甘味を引き出してくれる。だから肥料を土に混ぜて、野菜に必要な養分や水分をしっかり吸収できる

状態で、愛情込めて育ててるんよ。それ以外にもなぁ、化学肥料で育った野菜は色も味も落ちるんよ。だからワシらは無農薬栽培にこだわっとる」

そう言いながらおじいちゃんは慣れた手つきで畑からにんじんを一本抜いた。そばに備え付けられた水洗い場で土を洗い流すと、ぽきり、と折ってわたしたちに差し出した。

「このまま食べてみな?」

「えっ! 生で食べるんですか!? 皮つきで?」

「大丈夫、大丈夫。1回試しにかじってみな」

農家の人に言われて恐る恐る食べてみると、ぱあっと甘さが口の中に広がる。噛むたびに、みずみずしさを感じた。それに、土……というか、大地の香りがする。

「これが本物の野菜の味なんだ…」

と自然と言葉が出てきた。

色葉ちゃんとわたしが話を聞いている間、必死にノートに書き込んでいた真吾にも

「真吾も食べてみなよ! このにんじん、すごくおいしいよ!」

と言って手渡した。

真吾はなぜか、しぶしぶといった様子で渡されたにんじんを小さく一口かじった。

しばらくすると、真吾がバッと顔を上げて目を輝かせながら
「甘ぇ〜！　めっちゃうまいっすねこれ！　俺、正直にんじん苦手だったんすけど、これなら余裕で食えます！」

「そうかいそうかい。そりゃあよかった」

若菜さん、牛尾さん、米川さんもうんうんと頷きながらにんじんをかじっている。

畑を見てまわった後、農家のおばあちゃんが色んな野菜料理を振舞ってくれた。

採れたての野菜はどれもみずみずしくて、味付けしすぎない調理方法がより野菜の旨味を引き出している。

わたしたちは出された料理を次々と平らげていった。

「なるほどなぁ…」

「本物のカレーを作るために、本物の食材をね」

「それでウチに来てくれたって、光栄だねぇ」

「じゃ、カレーに合うじゃがいもが2種類あるって知ってるか？」

若菜さんに聞かれてすぐに答えられなかった。

色々調べたつもりだったが、まだまだ知らない事だらけだ。

「じゃがいもも色んな種類があるけど、カレーに合うのはメークインと男爵いもだよ」

そういって実際にメークインと男爵いもを持ってきてくれた。

見た目は少し違うが、それ以外の違いは全く分からない。

「何が違うんですか？」

真吾も不思議そうに若菜さんに質問する。

「メークインは形が崩れにくいから、じっくり煮込んでもゴロゴロのままで残るんだよ。男爵いもはホクホクしていて、いものおいしさが引き立つから、両方入れるのもおススメだよ」

なるほど、たかがじゃがいもと思っていたが種類によって合う合わないがあるのか。

その後、わたしたちが聞きたかったこと、やりたいことを伝えると、みんなすごく楽しそうに聞いてくれた。

新鮮な野菜料理に舌鼓を打っていると、牛尾さんが玖実に聞いてきた。

「野菜は若菜んとこでそろうからいいとして、肉は何を使うんだ?」

「豚肉を煮込んでポークカレーにしようと思ってたんですけど……いまいちインパクトに欠けるんですよね……」

「なら1回、メインに丹波牛を使ってみたらどうだい? ポークもいいがビーフも部位によって味や食感が違うんだぜ」

「ビーフ! 俺、ビーフ好きなんだよな。カレーに入れるならどんなのが合いますか?」

「そうだなぁ、脂身が多くてジューシーなのはサーロインで、甘味のある脂身と濃厚な味ならロース、脂身の少ないさっぱりした赤身ならヒレだな。せっかくいい肉を使うなら、煮込むよりステーキにして上にのせてもいいんじゃねぇか。肉の味がたっぷり楽しめるぜ」

聞いているだけで、ヨダレが出てきそうだ。絶妙なタイミングで台所からお肉の焼けるいい香りが漂ってくる。

「お、ちょうど焼けたみたいだな。玖実ちゃんたちに試食してもらおうと思って、持ってきたんだ。ま、百聞は一食にしかずだ、食べてみな」

ほどなくテーブルに3種類のステーキが運ばれてくる。なんて豪勢なんだ。

「「いっただきまーす！」」

わたしたちは一斉にお箸をのばした。

「うわ！　口の中でとろけるー」

「こんなジューシーなお肉食べたことない！」

「うんめー！　特に、これ！　味わい深くて最高！」

「お、嬉しいね！　そいつは丹波牛の赤身ロースで、カレーとの相性も抜群だぜ」

と牛尾さんが得意げに言う。

「最高！　これにしようぜ！」

真吾が興奮気味に反応する。げんきんなやつだ。

「是非、お願いします！」

そう言うと、牛尾さんは腕がなるな！　と丹波牛を手配してくれることになった。

その様子を見ていた米川さんも負けてられないね〜と提案をしてくれた。

「じゃ、僕はカレーと丹波牛に合う丹波米と丹波の天然水で協力しようかな。相性いいと思うよ。丹波は雲海と三尾山の地下水によって澄んだ軟水になっていておいしいんだ」

「軟水…」

色葉ちゃんがポツリとつぶやく。

「水に軟水と硬水があるのは知っているかな？」

聞いた事はあったが、詳しくは知らなかった。

そんなわたしたちの表情で察知した米川さんが続ける。

「料理には軟水が向いてるんだよ」

「それに、カレーを作るのもご飯を炊くのにも、いい水は必須だろう？　いっぺん飲んでみな、全然違うからビックリするよ」

いただいた水を一口飲んでみる。すると

「え！　いつも飲んでる水と全然違う！　すごく飲みやすい！」

暑さで喉が乾いていたこともあって、わたしは大きな音を立てて水を一気に飲み干した。

「いい飲みっぷりだね～」

「すごく飲みやすいですね。わたし、お水って飲みにくくて。お腹もすぐ膨れちゃうし」

色葉ちゃんもコクコクと味を確かめるように飲んでいた。

「この軟水はとても小さい水の分子でできてるから、吸収されやすいんだ。だからお腹もタプタプにならないし、身体にもいいんだよ。お米の中にも入りやすくて炊いた時にホクホクのご飯になるよ。あと、カレーにもいい水を使うといいよ。臭みがなくなっておいしくなるんだ」

そういえば、今まで水について考えていなかったことに気付いた。素材にこだわると言っておきながらまだまだ見落としていることばかりだ。

「水も大事だけど、お米も産地によって味が違うんだよ。お米っていうのは粘り・甘味・ツヤが命だからね。おいしいお米がとれるのは、綺麗な水が豊富にある、水はけがよい、昼夜の寒暖差が大きい、この3つの条件が揃う場所だから、米を選ぶ際には「産地」が重要なんだ。丹波は四方を山で囲まれた盆地で、昼夜の温度差があるから、上質な米作りにはもってこいの土地なのさ」

普段食べているお米にもこれだけのこだわりがあるなんて。

実際に自分たちの目で見て味を確かめているからこそ、自信を持って提供できるんだな。

わたしたちが作る〝Grandma〟カレーもそうでありたいと改めて思った。

「さ、ご飯もいっぱい炊いたからね」

と米川さんが持ってきてくれたお米で炊いたご飯を農家のおばあちゃんがよそってくれた。

ツヤツヤと光って一粒ひとつぶがふっくらしている。

「えっ!! 甘い！」

ご飯を一口食べてわたしたちは驚いた。お水とお米がいいとこうも違うのか。

わたしたちは、教えてもらったことをノートに書き込みながら、農家の人たちが振舞ってくれた手料理を堪能した。

「今日は、本当にありがとうございました!!」

「料理、おいしかったです。お話も、とっても勉強になりました」

３人でお礼を伝え、若菜さんのワゴン車に乗り込んだ。

帰り道、若菜さんや牛尾さん米川さんが食べ物の「うんちく」を話してくれた。

特に印象に残ったのは「食」という字のこと。食という字は「人」と「良」という字でできている。

若菜さんの「人は〈良〉い物を食べんとダメだよ。じゃあ、その〈良〉い物ってなんだと思う？」

という問いに

「ステーキとか寿司とか……」

と真吾が答えると、後部座席から牛尾さんが助手席に座る真吾の後頭部を軽く叩いた。

「バカ、そうじゃないだろ」

すると

「ミネラルやビタミン、それにカルシウムなどが含まれた栄養バランスに富んだものでは…」

と色葉ちゃんが答えた。

その答えに

「お、かしこい子だね」

と牛尾さんの隣に座っている米川さんが褒めている。

「そうか……！」

とわたしは気付いた。カレーの中に溶け込む野菜や肉、それに水も味を決めるとっても大切な存在。

良質な野菜や肉、お米、水を選ぶのはとても大切なことなのだ。

心のコップを上向きにしたことで、わたしはたくさんのことを自分のコップに注ぐことができたのだった。


大会まであと1週間。

喫茶こよみで大会に向けたカレーの練習を始めようとしていると《カランコロン》と軽快にドアが開いた。

「お〜！　やってるな〜」

と大きな箱を持って若菜さん、牛尾さん、米川さんが入ってきた。

「玖実ちゃん、こないだ頼まれてたもん持ってきたぞ」

そう言って机の上にそれぞれが持ってきてくれた素材を並べる。

みずみずしい野菜たち、おいしそうなお肉、そしてお米。

「聞いてたレシピで使うのはこの食材だったよな」

「俺たちが選りすぐりの〝おいしい〟を厳選してきたから、これを使ってくれ。お金のことは気にすんな、これは俺らのおごりだからよ！」

「玖実ちゃんたちが頑張ってる姿を見て、俺たちも何か協力したいと思ってたから嬉しいよ」

3人はそう言いながら、ガハハっと笑っていた。

「若菜さん、牛尾さん、米川さん、本当にありがとう！」

「早速、この食材たちで作るね」

「でね、もうひとつお願いがあるんだけど……」

わたしたちは3人に素材を活かした調理方法を教わりながら作り始めた。

色葉ちゃんは横で3人の話をノートに書いてくれている。

そうして完成したカレーをみんなで食べてみた。

「これ、今までと全然違うんじゃね？」

「うん、野菜の甘味も感じるし、お米もいつもよりツヤツヤしてるね」

と色葉ちゃんと真吾もビックリしている。

本当だ……

同じレシピなのに、いつもの2倍くらい時間がかかったし、味も全然違った。


すごい……これが本物志向か。


驚くわたしたちを見ていた若菜さんがある提案をしてくれた。

「実はもっと甘い玉ねぎがあるんだよ。〝ペコロス〟って言うミニ玉ねぎなんだけど、通常の玉ねぎの糖度が9度なのに対して、ペコロスはなんと11度！　これを玖実ちゃんたちのカレーに使ってみないか？」

更に甘い玉ねぎがあるとは驚きだ。上手く取り入れることができれば〝Grandma〟カレーの強い武器になるかも。

そう考えたわたしは若菜さんの提案を受け入れることにした。

そうして本物の食材がそろった。

〝Grandma〟カレーが完成に近づいている。

でもまだ解決していない問題がある。一番難しいスパイスの調合だ。

わたしはスパイスの入った瓶をぎゅっと握りしめながら、絶対に調合を完成させてみせる、と改めて決意を固めた。

ブルブルくんの教え

- 本物の食材にこだわる
- 本物に出逢いたいなら、自分で直接見て体験しに行く
- 本物志向

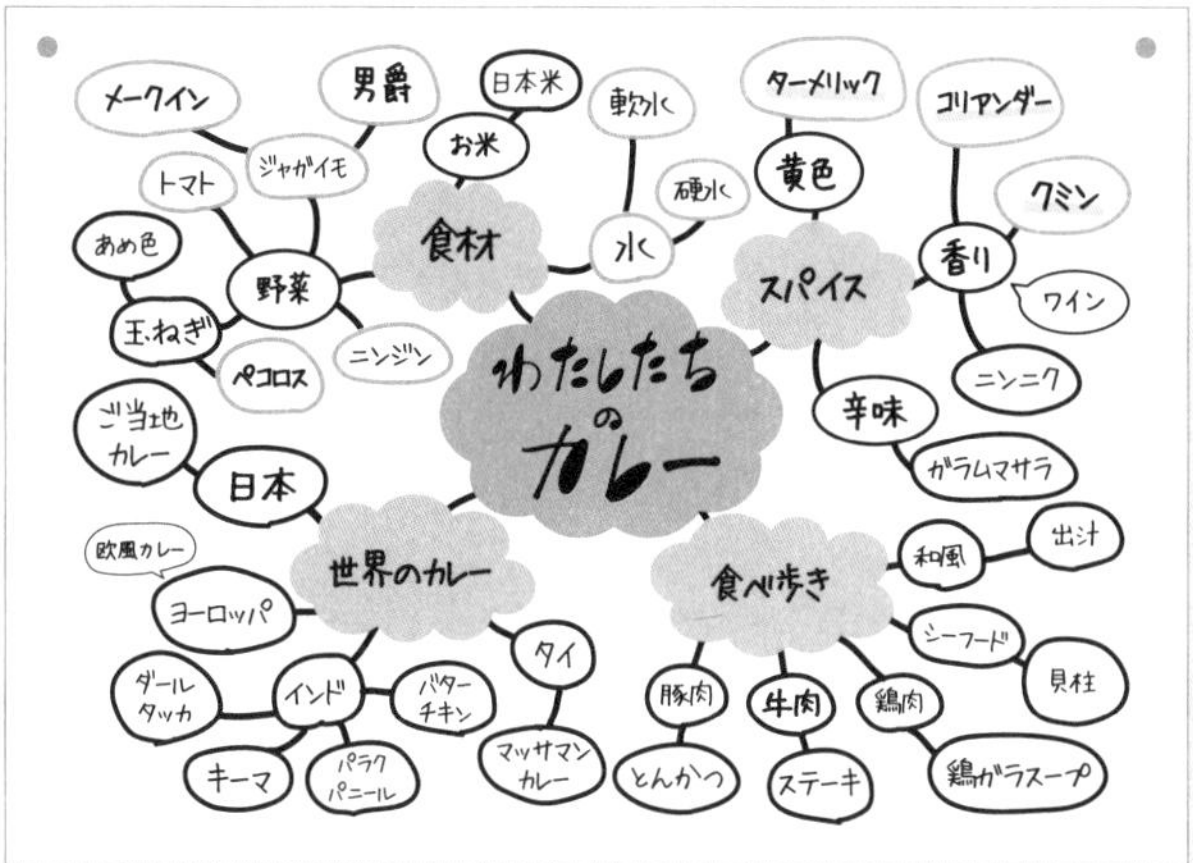

色んな人からアドバイス貰えてよかったな。あとはスパイスを完成させるだけやな。ラストスパートやで～！

第6章

Oneチームで

喫茶店でいつものように練習していたが、スパイスの調合はいまだに上手くいかないままだった。

壁に張られたポスターとカレンダーの18に大きくつけられた丸印が目に入る。

大会まで、あと1週間を切っていた。


みんなで頭を悩ませていたが、調合を担当しているのはわたしだから早く完成させなきゃ、と焦る気持ちが日に日に増していく。

調理台に並べられたスパイスたちと睨み合いをしていると、後ろから真吾に声をかけられる。

「なあ玖実。スパイスの調合どうだ?」

どきり、心臓が大きく動くのが分かった。

「まだできてない…もう少し調整しないと」

申し訳なさで目をそらしながら答えると、真吾はほんの少しだけ眉をひそめながら「マジかよ…」とこぼした。

「ごめん、時間がないのは分かってる! でも絶対完成させるから!」

「玖実ちゃん……」

「……」

「大会までもう1週間ないんだぞ」

みんな焦ってる。あとはこのスパイスだけ。

これさえ仕上がればレシピは完成する。

このカレーには今までのみんなの想いが詰まってるんだ。失敗は許されない。

そんなこと
「…っ、分かってるわよ！」

本当は人に当たりたくはないのに、思わず真吾に強く言い返してしまう。

そんな自分に不甲斐なさを感じる。

「…ごめん、頭冷やしてくる」

何となくその場に居づらくなり、外に出ようと喫茶こよみの入口へ向かった。

アンティーク調のおしゃれな取っ手に手をかけ、そのままぐっと引いた。

ドアが開き、鳴ったベルは《ガランコロンガラーン》といつもより鈍いような気がした。

外には夕暮れの商店街が広がっていて、店内の明かりが、わたしの影を作って出迎えた。

ドアがゆっくり閉まると、夏のなまぬるい風が頬を撫で、ヒグラシがカナカナカナ……と鳴き始めた。商店街の向こう側から、豆腐屋のラッパが聞こえている。

なんだか今、世界に自分ひとりみたいで、少し寂しくなった。

わたしの頭はどんどん下がっていって、やがてうつむいてしまった。

その時に見えた手の中には、どれだけ調合しても上手くいかないスパイスの入った瓶が握られていた。

「香坂さん？」

ふいに聞きなれた声がした。いやというほど聞いてきた風鈴みたいな声。

わたしは驚いて顔をあげる。そこにいたのはやっぱり、蘭ちゃんだった。

「…え…あ、蘭ちゃん」

どうしてここに…と反射的にこぼすと
「それはこちらのセリフですわ。あなた、こんなところで何をしていらっしゃるの？」

その言葉で、はっ…とまわりを見回すと、そこは蘭ちゃんのお店…グランメゾン錦野の前だった。

石積みの壁に、白を基調としたシンプルな外観が魅力的な綺麗なお店である。そのお店は夕映《ゆうば》えで一層際立っている。

わたしはいつの間にか、喫茶店からここまで歩いて来たらしい。

「あ、あれ…え、えっと、えぇ〜〜っとぉ………」

なんて言おう…と目を泳がせていると
「あなた、大会の準備はよろしいの？　ご自慢のレシピは完成したのかしら？」

ふん、と鼻で笑って不敵に笑う蘭ちゃん。びくっ、とあからさまに体が強張ってしまう。

いつもならここで何か言い返していただろうが、それどころじゃなかった。

大会、本番、レシピ、完成……その単語を聞いて、わたしは焦りから手に持っている瓶を隠すように握りしめた。

…そんな一連の行動を蘭ちゃんは見逃さなかった。

「…まあいいですわ。今聞かなくても当日分かることですし……で？　研究会の方が直々に何をされに来たんですの？　偵察？　食材の横取り？　それともただの邪魔かしら？」

「ていさつ…？　う、ううん、違うよ！　お店でずっとスパイスの調合をしていたから、外の空気を吸いに来ただけ」

「あら、そう。わたくしはてっきり、スパイスの調合の仕方でも聞きに来たのかと思いましたわ」

「っそ、そんなこと…は…」

自然と手に力がこもる。暑さのせいか、やけに汗が止まらない。何も言わなくなったわたしに、そら見ろと言わんばかりの呆れ顔をした蘭ちゃんは、少し間を置いて、自身の右手をわたしの目の前にバッと突き出した。

「よこしなさい」

「……ええッ!?」

「わたくしが味見をしてあげると言っていますのよ。いいから、その瓶をよこしなさい」

そういうや否や、蘭ちゃんはわたしが隠した手からひったくるような形でスパイスの入った瓶をさらい、調合したスパイスを少しすくってから口にふくんで

「…バランスが悪いわね」

と、言った。

「え…」

呆けた声が出たなと思う。いや、何となく分かってはいたが、発せられた言葉はまるでトゲのようにわたしの心に突き刺さった。

心なしか声色もさっきより冷たい。いつもの蘭ちゃんとはまるで違う雰囲気だった。

わたしは今にも泣きそうな顔で蘭ちゃんをじっと見つめる。

「調合したのは3種類かしら？　あの日、わたくしが教えてさしあげた知識を取り入れているのは褒めてあげますわ。でも少なすぎると逆に粗が目立ちやすいのよ」

「………じゃあ、どうすれば…」

自然と答えを求めてしまった。蘭ちゃんは同い年でもプロの料理人だから、スパイ

スのことも詳しいんだ。

そんなわたしの様子を見て、蘭ちゃんは「はあ…」と、分かりやすく大きなため息をついた。

「何でもかんでも、わたくしに聞かないでくださる？　全部あなたなりに調べたんでしょう？」

わたしの言葉を拒むような言い方だった。その言葉が引き金になり、我慢が利かずわたしの目から大粒の涙があふれていく。

「でも、でも…！」

「どうしても上手くいかない…できないのっ！」

「………」

「色葉ちゃんも真吾も、明日の大会に向けて頑張ってるのに…わたし、わたしだけなんにもできてない…」

どうしよう、と何度もつぶやきながら蘭ちゃんの前で泣きじゃくる。しばらく蘭ちゃんは黙って聞いていたが、またひとつため息をつくと口を開いた。

「あなたらしくありませんわね」

「……」

「調子が狂いますわ」

何を言われても涙は止まらない…どうすればいいか、分からない。

そんなわたしをしばらく見つめたあと

「香坂さん」


蘭ちゃんは若干、語気《ごき》を強めてわたしの名前を呼んだ。

「もっと単純に考えなさい。シンプルでよくてよ。あなたが選んだものに間違いはないわ」

「……？　シンプル…？」

「研究熱心なのはよいことですけれど、考えすぎはよくないですわ」

あなたの悪いところね、なんて言いながらふっ、と笑みをこぼす蘭ちゃん。いつもの不敵な笑みではない、やわらかくて、初めて見る顔だった。

「ですから、わたくしが料理人として、特別にアドバイスをさしあげます」

いきなりの展開で困惑する。涙も、いつの間にか止まっていた。

「……え？　え？」

「返事をなさい！」

「は、はい！」

ビシッ！　と効果音が付きそうなほど背筋を伸ばす。

「……よろしい。中にお入りなさい。それと、アドバイスは一度しか言いませんわよ。よく聞くことね」

蘭ちゃんはそう言うと、グランメゾン錦野の大きなドアを開けた。

《チリンチリン……》

おばあちゃんのお店とはまた違うドアベルが店内に木霊《こだま》した。

「足元にお気を付けて」とわたしの手をとってくれる蘭ちゃん。まるで漫画に出てくる王子様みたいだなぁ、なんて柄にもなく思ってしまう。

というか、お母さんやおばあちゃん以外と手をつなぐのが初めてで、なんだか妙にドキドキしてしまう。

いつのまにか緊張で手汗がすごいことになっているが、蘭ちゃんはお構いなしにしっかりと握って……あれ？

「蘭ちゃん…」

「何かしら？」

「手、どうかしたの？なんかすごく硬いけど…？」

握ってくれた蘭ちゃんの掌は、女子高生とは思えないほど硬い。よく見ると、腕も細いけどしっかりしていて、筋肉質だ。

そういえば、数ヵ月前に初めてカレーを教わった時のおばあちゃんの腕も、重たい食材を運んでくれた若菜さん、牛尾さん、米川さんもしっかり筋肉がついていたし、マメもたくさんできていたような……

なんて考えながら、彼女の掌を穴が開きそうなほど凝視していると、蘭ちゃんに「ちょっと香坂さん…そんなにまじまじと見ないでくださる？」

と制されてしまった。

「ねえ、蘭ちゃん、それってもしかして…」

「なんでもないですわ。あなたが気にしなくてもいいことよ」

かぶせるようにして遮る蘭ちゃん。相変わらずツンとした言い方だ…さっきまでの優しい雰囲気はどこへやら。

でもさっきより冷たい声色じゃない。思わず笑ってしまった。

蘭ちゃんのあの手はたぶん、幼いころから料理をずっと続けてきた証だ。努力を惜しまず夢に向かってひたむきに頑張ってきた証。

「かっこいいね、蘭ちゃん！」

「き、急になんですの!?」

あわててふりかえった蘭ちゃんの顔は、少し赤くなっているように見えた。


中に入ると、丁寧に拭きあげられたテーブル席に案内され、座るように促される。

石積みの壁に打ちつけた木製の棚には、お店で出す用のワインボトルやスパイスがずらりと並び、他にもシルバーや陶磁器などが飾られている。

わたしたちはお互いに向き合って座る。そして、蘭ちゃんは一息ついて話し出した。

「わたくしが今回の大会で使用するスパイスは、30種類のスパイスを調合したものですわ。父が普段から常用している50種類のスパイスをお手本にしましたの」

「…これが、前に言ってたスパイスなんだね」

蘭ちゃんが、おもむろに取り出してきた取っ手のついた白い陶器製の容器の中には、豊かな香りのスパイスが半分くらいまで入っていた。料理を一品作るごとに、それぞれに合った調合をするらしい。

「もう少し調合をしてもよかったのですけれど…父と同じように何十種類も混ぜ合わせるのは手間ですし、何より難しいですわ。香坂さんに至ってはすべて用意するのも無理がありますしね」

おっしゃる通りで…

「ですから、わたくしがあなたの選んだ3種類のスパイスを使って調合しますわ。あなたはそれを覚えなさい」

「えっ…覚えるの!?」

「ええ、そうよ。さっきみたいに〝できない〟とは言わせませんわ。やるのよ」

「…分かった、やるよ。頑張る」

蘭ちゃんはいつもの不敵な笑みを浮かべると、コリアンダー、クミン、ターメリックを持ち出し、机の上に静かに置いた。

そばの小窓には、玖実の真剣な表情が映りこんでいた。

最後の練習を終え、帰宅後すぐにベッドに倒れこむと、さっそくブルブルくんが話しかけてきた。

「いやー、今日もほんまにお疲れさまやな、玖実！」

「えへへ、ありがと」

「玖実、カレー作り始めてから今日までよう頑張ったな。この調子やったら明日も心配いらんな」

「いや、ここまでこれたのはブルブルくんと、みんなのおかげだよ」

心の底から、そう思う。

「いや〜、んなことないで。あのカレーと、みんなの笑顔は、玖実が生み出したんやで」

ブルブルくんが真剣な目で続ける。

「玖実と、色葉ちゃん、真吾、商店街の人たち、農家の人たち。みんな、同じ夢を叶えようとするＯｎｅチームになってる。それは、玖実の力でできたチームなんやで。

【人は同じ目標に向かって動く時、すごい力が出せる】もんなんや」

「ブルブルくんが色々教えてくれたおかげだよー」

「いや〜……って、こんなんしてたら無限ループなるわ！　もうボクのおかげってことにしとこ！　ボクやで！　ボクがすごいんや！　ははは！　褒めてくれてええで！」

「あはは！」

ブルブルくんは、いつも笑わせてくれて、心を軽くしてくれて、たまに大切な言葉をくれる。そんな気持ちのいい存在だ。

「ねぇ……ブルブルくんは、なんでわたしの前に現れてくれたの？」

「ボク？　ボクは玖実のお手伝いに来たんや」

「お手伝い……って、なんの？」

「なんの、って、玖実、悩んでたやん。カレー作りがう上手くいかなかった。〝本物のカレー〟を、おばあちゃんに食べてもらいたい」

そして
「喫茶こよみを、わたしが継ぎたいってな」

「……そんなことまで、分かってたの？」

「ボクはな、大きな夢とか、人のために何かしたいとか、あったかいエネルギーがグルグルしてるところに吸い寄せられるんや。その時ざーっくり話が分かんねん」

「ズルい能力……」

「あはは、メルヘンパワーは伊達ちゃうで。せやけど玖実のことちゃんと見てたし、これからは自分の力でできる。ボクからもう教えることはあらへんな」

「教えることはないって、もしかして…もうブルブルくんは…」

「どこかに行っちゃうの？」

ブルブルくんは、しっかりとわたしを見ながら
「いや、どこにも行かへんよ、ブルーベリーの妖精やからな。ただ、玖実から見たらボクは、ただのぬいぐるみにしか見えへんくなるけどな。玖実はもう夢を叶えるために自分が何をしたらいいか分かってるやろ？」

分かるようになったのは、ブルブルくんが教えてくれたからだ。

急に不安な気持ちが押し寄せてくる。

そんな心を読んだかのように、ブルブルくんは言葉を続ける。

「玖実には頼れる仲間、チームができたから大丈夫や！」

真っ先に色葉ちゃんや真吾の顔が浮かぶ。

「それに、おらへんようになってもボクはいつでも玖実のこと見守ってるで」

いつまでもぐずぐずしているのはわたしらしくない。

「じゃあ、明日の大会もちゃんと見ててね！」

「もちろんや！」


大会当日、開店前の喫茶こよみにわたしたち3人は集まっていた。

「さぁ、泣いても笑ってもこれが最後のカレー作りよ！」

エプロンをし、マスクをつけ、準備万端の状態でキッチンに入る。

まずは、秘密兵器のアメ色の玉ねぎからだ。

大量の玉ねぎのみじん切りをみんなで作る。

包丁がまな板に当たって鳴る音が、静かな喫茶店全体に広がった。

しばらく切り進めていくと、調理台に置かれたボウルには山盛りの玉ねぎができあがった。

「ここからお鍋に油を引いて…切った玉ねぎを入れて…中火でゆっくり…」

焦がさないように気をつけながら、じっくりと火を通す。

玉ねぎのみじん切りが入った大鍋の底を木べらでこそぎながら、強火で水気が飛ぶまでじっくりと炒める。

すると、徐々に半透明の薄く明るい褐色へと変化していく。

「……色が変わってきたね」

まだまだだ。

「代わるぜ、玖実」

「頼んだわよ、真吾！」

大量の玉ねぎを炒めるのは力仕事だから、真吾と交代しながら進める。

真吾は、大鍋の取っ手をつかみ、わたしと同じように玉ねぎを炒め始めた。

色葉ちゃんはお米を研ぎ、大きな炊飯器に白い大粒のお米と水を入れてから、じゃがいも、にんじんの皮をむき、具材用の玉ねぎと、若菜さんにもらったミニ玉ねぎ…

ペコロスを四つ切りにして、トマトも細かくしていく。

玉ねぎが目に沁みて汗と一緒に涙も伝いそうになるが、野菜を切るたびにそれぞれ特徴的な音がリズムよく鳴ってとても楽しい。

切り終わった野菜類から順に別皿によけて置く。

クーラーが効いている店内だが、３人の額は汗ばんでいた。

汗をぬぐいながらそれぞれの作業を進めていく。


わたしたちがアメ色玉ねぎを作っている間に、色葉ちゃんがカレーに入れる豚肉の準備に取りかかる。

薄切りにした豚肉に塩コショウで下味をつけ、コンロの前に立つ。腕まくりをし直し、大鍋に油とにんにく、しょうがを入れて炒めると、途端に香ばしい匂いがあたりを支配し始めた。視界が歪むほど熱されたフライパンに薄切りの豚肉をすべて入れ、一気に焼くと肉の脂が花火のようにバチバチと音を立てて火を通していく。

「焦がさないように気をつけないと…」

しばらくすると、小さくなってカリカリに焼かれたお肉がこちらを見上げていた。

上手くいったようだ。

大鍋の中の玉ねぎは、何度目かの交代でしっかりと色づいた。

「ようやくアメ色になったね」

「いい感じね！　じゃあ次は」

「他の野菜だよね。お水は沸騰してるから茹で始めるね」

そう言って、色葉ちゃんは、沸騰した小鍋に皮を剥いた色鮮やかなにんじんと、白くて丸い男爵いも、そして黄色味がかったメークインを順番に入れてひと煮たちさせていく。

ここでアメ色玉ねぎを炒めた大鍋に、さっき焼いた豚肉、茹でた男爵いもとにんじんを、茹でた水ごと入れて男爵いもがやわらかくなるまで煮ていくのだ。男爵いもが崩れてきたらメークイン、ペコロスを入れてまたさらに煮込む。

「いい感じだね…今のところ順調」

「おう、もうそろそろ最終局面だぜ」

色葉ちゃんと真吾が、わたしに顔を向ける。わたしは一度うなずくと、調理台に置かれた3種類のスパイスを手に取った。


いよいよスパイス作りにとりかかる。

最初に用意した細切《こま》れのトマトをフライパンに入れ、潰して水分を飛ばしながらペースト状にしていく。

そうして果肉の形がなくなってきたら
「コリアンダー、クミンそしてターメリックを…………同じ分量で…」

蘭ちゃんが教えてくれた通り、フライパンにそれぞれのスパイスを同量入れなければならない。緊張で手が震える。

さっきかいた汗が、すぅーー…っと冷えていく感覚がして、一筋背中を流れていった。

少しでも分量を間違えれば、全部台無しに…

そこまで考えたところで、「玖実ちゃん」とわたしのエプロンが引っ張られる。

はっとしてふりかえると、色葉ちゃんが心配そうにわたしを見ている。わたしは考えていたことを振り払うように小さく頭を振った。

「…大丈夫」

こういう時に限って嫌な考えが頭の中をグルグルと回るんだ。

心臓が耳元でうるさいくらいバクバクと音を立てていて、周りの音が聞こえない。

「こぼさないように…」

「慎重に…」

大きく、ゆっくり深呼吸をして、細かなスパイスをフライパンの上へ。

すべて入れ終えたら、トマトペーストに混ぜながら炒めていく。

するとだんだん…コリアンダーの独特で芳醇な香りが、クミンのスパイシーで強い香りによって抑えられ、トマトと合わせていくことでマイルドな仕上がりになった。

「よし…!」

香りがより強くなってきたら火を止めて、具材を煮込んでいる隣の大鍋にペーストをそのまま入れる。煮立った具材にターメリックで黄金色になったペーストが渦を巻いて絡まり、溶け込んでいく。

お鍋の中でグツグツと煮込まれながら、スパイシーなそれでいてふんわりとした香りが充満する。

大鍋の中から漂ってくる香りが、まるで香水みたいにわたしの体にまとわりついて離れない。

それが妙に安心してどっと疲れが出そうになる。緊張感からの解放で脱力しそうになるが、カレー作りはまだ終わってない。

このまま大鍋の中身を焦げないようにずっとかき混ぜる。これも力仕事なので、真吾と交代しつつ進める。


「玖実ちゃん！　お肉の準備できてるよ」

「ありがとう色葉ちゃん！」


いよいよ最後の工程。

冷蔵庫から出し、常温に戻して下味をつけたステーキ用の牛肉を、色葉ちゃんが手渡してくれる。

重厚感のある、赤身と脂身のバランスが絶妙な牛尾さん一押しのもの。それをフライパンへゆっくりとのせる。

とその瞬間ジューッと肉の脂が弾ける音と塩コショウの匂いが、部屋いっぱいに広がる。

ふとフライパンから目を離すと、みんな食い入るようにこちらの様子をじぃっと見ていた。

焼いている音と匂いだけで、みんな手を止めてこちらを見てしまうほど、食欲がそそられるいいお肉なのだ。

「って真吾！　手！　止まってるわよ！　焦げる！」

「あ、わりぃ！　うまそうでつい」

あたふたする真吾を見てくすくす笑う色葉ちゃん。

焼き上がった肉厚でやわらかな牛肉を、崩れないようにまな板に移し、熱々のステーキに包丁を一筋いれる。

沈み込まずやや弾力のある赤身から、旨味の詰まった湯気とともに肉汁がじわり、とあふれ出てきた。

ミディアムレアに仕上げたステーキの断面は薄い桃色で、わずかにレアの赤みが残った状態だ。

「…完璧！」

ちょうど同じタイミングで《ピピーーーー》と電子音が鳴る。炊飯器の音だ。

色葉ちゃんが大きなふたを開けると、白い湯気が勢いよく飛び出し、遅れてあの炊き立てのいい匂いが鼻孔をくすぐる。

その下から、半ば透き通っていてツヤのあるふっくらとしたご飯が顔を出した。

一粒ひとつぶが大きく宝石のように煌《きら》めいているのを見て、色葉ちゃんは「わぁ…！」と感嘆の声をあげている。

炊き立てのご飯を、水に濡らしたしゃもじを使って底からさっくりと混ぜる。

順調に進んでいることへの嬉しさと色葉ちゃんの愛らしさで、わたしと真吾も思わず笑顔を浮かべた。

かき混ぜ続けたカレーのルーがぐつぐつと煮立ち、混ぜ込むたびにいい匂いが漂う。

炊き立てのご飯の匂いと混ざって、食欲が増していく。

「なんか、今までで一番いい香りがするね」

「ああ……」

色葉ちゃんも真吾も、お鍋の中を覗き込み、ごくり、と喉を鳴らす。

「…うん…これはなかなか……」

「見た感じも違う気がする…さっそく味見してみようぜ！」

真吾がお皿にご飯をよそって持ってくる。

お皿を受け取り、その上に、でき立てのカレーをトロ〜っと回しかける。

今までで一番きらきらと輝く琥珀色のカレーが完成した。


「「いただきます！」」

ドキドキしながら、お肉とカレーのルーを一緒にすくい、口へと運ぶ……

「……っ!!」

少し厚めの牛肉を噛もうとした瞬間、とろけてなくなってしまった。焼けた肉の旨味と脂の甘味が、型崩れしていない一口サイズのペコロスの甘味と絡み合って、舌の上で踊るような、ジューシーな味を醸し出している。

そしてルーは、野菜や肉の味を壊さないようにシンプルに調合した3種類のスパイスが引き立ち、芳醇なカレーとして見事に完成していた。

「これ……」

「……玖実ちゃん…やったね……！」

「すげぇ……玖実、すげぇよ！」

ついに、わたしたちが作ろうとイメージした〝Grandma〟カレーが完成した！

「よっしゃぁーーーー!!」


わたしはお皿を持ったままキッチンを飛び出した！

「おばあちゃん！　ちょっと、ちょっとこれ食べてみて！」

「あら、上手くいったのね。じゃあ少しいただこうかしら」

おばあちゃんがお皿を受け取り、一口、口に入れる。

すると、少し驚いたような表情をして、もぐもぐもぐ、ごくん、と飲み込み
「……驚いた……こんなカレーがあるのね。おばあちゃん、知らなかったわ……」

「ど、どうかな？」

ドキドキしながらわたしは聞いた。

「…うん、すっごくおいしいよ、玖実ちゃん。ここまでよく頑張ったね。」

おばあちゃんがくしゃりと笑いながら嬉しそうに言う。

その様子を見て、わたしの不安は一切消え去り、自信をもって提供できるカレーを作ることができたと実感した。


「それにしても玖実、何で急にスパイスの調合が完成したんだ？」

真吾が不思議そうに聞いてくる。

「それ、わたしも気になってた！」

色葉ちゃんも興味津々といった様子でわたしを見ている。

「ふふふ…それはね」

わたしはあの日のことを2人に話し始めた。

スパイスの調合が上手くいかず、思わず蘭ちゃんに泣きついてしまったあの日、蘭ちゃんはわたしにスパイスの調合をやって見せてくれた。

「コリアンダー、クミン、ターメリックのベストバランスは1対1対1。これだけ覚えて帰りなさい」

「1対1対1…？」

「そうよ、どれかひとつだけが主張しすぎてはダメよ。3種類のスパイスがバランスよく入ることによって互いが調和し合って、おいしいカレーができますのよ」

そう言いながら蘭ちゃんはスパイスの調合を行う。

「個性を出すのも大事だけどそれぞれが助け合うことも重要。あなたたち3人のようにね」

「え？　それってどういうこと」

「なんでもないわ、お気になさらないで。…さぁ、調合ができたわよ。最初に言ったことは覚えていて？　スパイスをものにして、カレーを完成させられるかはあなた次第ね。せいぜい頑張りなさい」

顔をそらしてしまった蘭ちゃんにわたしは
「ありがとう蘭ちゃん！　わたし、必ず完成させる。だから蘭ちゃんも絶対に食べに来てね！」

と言って、グランメゾン錦野をあとにした。

一連のことを話し終えると2人は心底驚いているようだった。

それも無理はない。わたしがグランメゾン錦野に行っていただけじゃなく、あの蘭ちゃんがそんなアドバイスまでくれるなんて考えてもみなかっただろう。

「ほらほら、おしゃべりはここまで。開店する前に最終チェックをしなきゃ！」

気合を入れなおすわたしに続いて、色葉ちゃんと真吾も食器やおしぼりなどの準備をし始めた。

いよいよ〝食〟フェスタ　カレー大会が始まる。

今までの苦労も吹っ飛ぶくらい、わたしたちの胸は高鳴っていた。

「さぁ、わたしたちカレー研究会が本物を追求した〝Grandma〟カレー食べてもらうわよ！」

そして、わたしたち〈星桜高校カレー研究会〉と〈グランメゾン錦野〉を含めた20のお店が一斉にカレーを提供し始める。

夏の太陽が燦々《さんさん》と降り注ぐ中、たくさんの人が参加し大会は大盛況となった。

――5年後――


風がない真夏の夜。

日が落ちたにも関わらず、むせ返るような暑さが続いているが、いつもの3人は喫茶こよみで、ゆったりとした夜を過ごしていた。


《洛央商店街〝食〟フェスタ　スイーツ大会》開催！

「……へぇ、今年はスイーツ大会なんだね」

「スイーツかぁ、最近はスイーツを作れる男もモテるらしいな」

「今年はウチは出ないかな。わたし、スイーツは詳しくないしね」

「色葉ちゃんはどう？　スイーツは」

「うーん、最近食べるより、無添加の甘味料とか、体にいいかどうかって目線で見ちゃうなー」

色葉ちゃんは高校を卒業した後、大学に入り
「食で人を幸せにするサポートがしたい」という夢のために食べ物や食品の研究を続け、大学院に進むそうだ。

「やっぱり色葉ちゃんは優しいなー。今度一緒に、体にいいスイーツしかない食べ放題行かない？」

真吾は大学でキャンパスライフを満喫し、ちゃっかり大手食品メーカーに就職が決まっている。

「どうせそのお店、学割が効くんでしょ？　ケチな男ね」

「いやいや!?　そ、そんなわけねぇじゃん!?　ケチってるわけじゃねぇから！」

そんな話をしていると、《カランコロンカラーン》とドアが開いた。

「玖実ちゃん、お久しぶりね」

「あっ、蘭ちゃん！　おかえりーっ！」

蘭ちゃんは本格的に料理の勉強をするため、フランスに留学していたのだ。

その間に、見たこともないような料理の数々や、おしゃれな街の風景写真などを送ってくれて、メッセージのやりとりはずっと続けていたけど、実際に目の前に立つ蘭ちゃんは、ひとまわりもふたまわりも成長していて、ますます輝いて見えた。

こうして久しぶりに、星桜高校カレー研究会のメンバーがそろった。

「毎年、この時期になると思い出すわね」

「あのカレー大会は、楽しかったよねぇ……」

………

……

…

あのあと、〝Grandma〟カレーは無事完売した。

結果発表…わたしたち〈星桜高校カレー研究会〉は〈グランメゾン錦野〉に一票及ばず、惜しくも二位だった。

参加者が「おいしかった」と思うお店に投票するようになっていて、投票数が一番多かったお店が優勝になるわけだけど、食材にも味にもこだわり抜いたカレーができたし、わたしたちが今回の目標にしていた、食べてくれた人たちが「おいしかった」「ごちそうさま！」と自然と笑顔になれるカレーを作ることができたから、どんな結果でも満足だった。

表彰台に上がったわたしと蘭ちゃんは向かい合い、お互いにしっかりと目を合わせる。

蘭ちゃんがいつものように不敵な笑みを浮かべ、わたしもつられて笑みを返した。

その瞬間、蘭ちゃんがすかさず手を挙げ、司会者に「わたくしの投票権がまだ残っています」と言って、そのままわたしの腕を引く。

雨のように降る蝉の声が、さらに声を大きくしていき、やがて耳鳴りのようになって、乾いた風が追い風となってわたしの背中を押した。

勢いよく引っ張られたせいで、わたしは蘭ちゃんに倒れこむ形で隣に立つ。

…そして

「わたしがおいしいと思ったのは、あなたたち〈星桜高校カレー研究会〉の〝Grandmaカレー〟ですわ」

「香坂さん、あなたが立つのはここよ」

………

……

…

「いやぁ～あの時の蘭ちゃんかっこよかった～！」

「それがきっかけでわたしたち友だちになれたんだよね！」

当時のことを思い出し、懐かしくなる。

真吾は「あ～そういえばあったな、そんなこと」なんて顔をして、色葉ちゃんは下を向いて肩を震わせている。

「そ、そんなこと、し、しし、知りませんわ…ッ」

と、しどろもどろになりながら顔を赤らめる蘭ちゃん。

「あはは！　蘭ちゃんってば可愛い～」

こらえられずにまた笑いだすと、真吾も下を向きながら声を殺して笑っていた。


後から聞いた話だが、蘭ちゃんはずっとわたしたち3人の仲が羨ましかったのだそうだ。思ったことを何でも言えて時々けんかもするような、そんな友だちが蘭ちゃんのまわりにはいなかったから。

「新聞とかにも出てすごかったよな」

そう、あのあと、わたしと蘭ちゃんは新聞とネットニュースに取り上げられ、少し有名になったのだ。

《洛央商店街の食フェス、過去最大の大盛況！　立役者は、2人の現役女子高生!?》

そのおかげか、この商店街にも新規開店するお店が増え、少しにぎやかになった。

「あれには、おばあさまも喜んでいらっしゃったわよね」

蘭ちゃんが懐かしそうに微笑む。

おばあちゃんは、自分のお店と孫娘が新聞に載っていたことがあまりに嬉しかったのか、その新聞を何枚も買って額に入れたり、写真立てに入れたり、スクラップにしたり、お客様に配ったりと、色々やっていた。

わたしは調理師専門学校を卒業した後、喫茶こよみを継いだ。それが2年前だ。

「ねえねえ、玖実ちゃん。そういえば、あの時書いたイメージマップって残ってる？」

「もちろん！　いつもあそこに飾ってるよ！」

大会のあと、みんなで撮った写真の横に飾ってあるイメージマップを持ってくる。

「うわぁぁ！　懐かしいなー！」
色葉ちゃん、真吾、おばあちゃん、農家の人、おじさんたち、そして蘭ちゃん
色んな人達が協力してくれて、『Ｏｎｅチーム』で終えることができた5年前のあ
の日。あの夏の思い出は、わたしの一生の宝物だ。

わたしたちが作り上げた〝Grandma〟カレーは、今では喫茶こよみの看板メニュー
になった。
わたしは、おばあちゃんが大切にしていたこの店を、ずっと守っていく。
色葉ちゃん、真吾、蘭ちゃんと、何気ない話をする午後。
とても素敵な時間。
とても優しい場所。
このメンバーが集まると、時間が経つのを忘れてしまう。
今日もそんな感じで、蘭ちゃんがお土産に持ってきてくれたフランスワインを飲み
ながらまったりしていると、
《カランコロンカラーン》と、ドアが開き1人の女の子がお店に入ってきた。

「おっ、結月ちゃん。いらっしゃ〜い。今日は遅いね」

「うん、部活で遅くなっちゃった。いつものカレーちょうだい」

と言いながら、カウンター席に腰掛ける。

わたしの可愛いいとこの結月ちゃんは、わたしと同じ星桜高校に通っていて、ダンス部で活躍しているらしい。

いつか結月ちゃんも夢に向かって進み始めた時、大きな悩みにぶつかることがあるかもしれない。

もし、結月ちゃんの夢に引き寄せられることがあったら、その時はまた、笑わせて、助けてあげてね、ブルブルくん。

ブルブルくんの教え

- 人は同じ目標に向かって動く時、すごい力が出せる
- 人生は蒔いた種のとおりに実を結ぶ

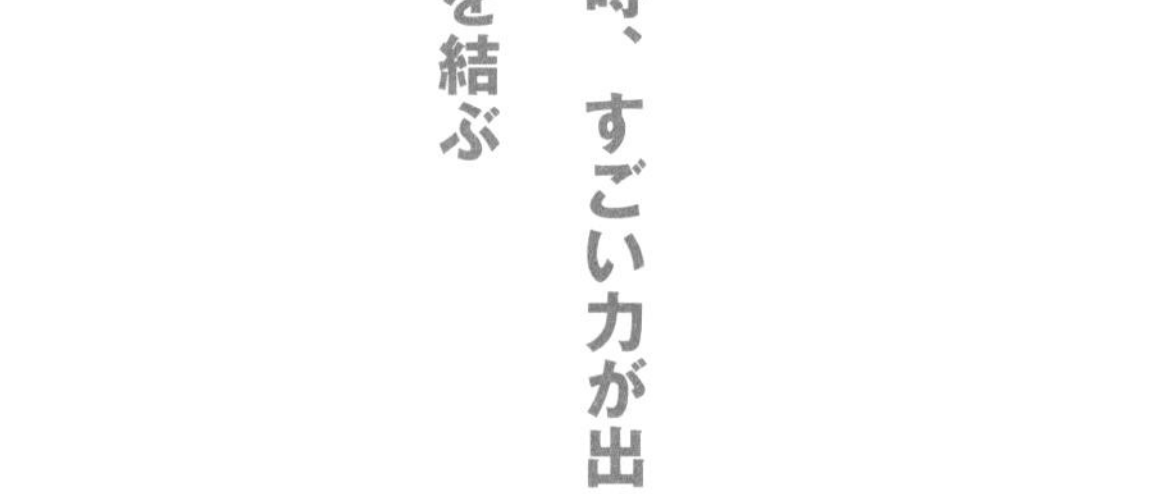
ホンマよう頑張った！
流石ボクが教えただけのことはあるな～

梅干しと鯖の味噌カレー

材料（8 人前）

玉ねぎ……2 個
キャベツ……1/4 玉
鯖缶（味噌煮）……2 個
はちみつ梅干し……4 粒
ごま油……大さじ 2+1/2
生姜……2 かけ
いりごま……大さじ 3

★スパイス
クミンシード……小さじ 2
マスタードシード
……小さじ 1
コリアンダーパウダー
……大さじ 2
ターメリックパウダー
……小さじ 1
ブラックペッパー
パウダー……小さじ 1

醤油……少々
塩……少々

【作り方】

❶生姜と玉ねぎをみじん切りにしておく。キャベツはお好みの大きさに切っておく。梅干しは種を取って細かく刻みペースト状にしておく。

❷フライパンにごま油を熱し、クミンシードとマスタードシードを油に浸して強火にかける。

❸スパイスの香りが立ってきたら生姜を入れ、軽く炒めたら強火のまま玉ねぎを加え、きつね色になるまで炒める。

❹鯖缶とキャベツ、梅干し、いりごまを加え、鯖身をほぐしながら炒める。
具材がまんべんなく混ざったところでコリアンダーパウダー、ターメリックパウダー、ブラックペッパーパウダーを加えてさらに炒める。

❺スパイスがなじんできたところで水を500mlほど加え、カレーがお好みのとろみ具合になるまで水分を飛ばし醤油を少々加える。

❻塩で味を調整したら完成！

❼お皿に盛り付け、お好みで鰹節、細かく刻んだ大葉、いりごまをトッピングする。

背徳の牛すじカレー

材料（8人前）

牛すじ……500g
ヨーグルト……100g
玉ねぎ……1個
（みじん切り）
トマト……大1個
（ざく切り）
舞茸……1パック
（細かくちぎる）
ししとう……適量
塩……小さじ2
ニンニク、生姜チューブ
……大さじ1程度

★ホールスパイス
・カルダモン……8粒
・クローブ……8粒
・ローリエ……2枚
・シナモンスティック
……1本

★パウダースパイス
・コリアンダー
……大さじ1+1/2
・ターメリック
……小さじ1/2
・クミン……小さじ1
・カイエンペッパー
……小さじ1/4
・オールスパイス
……小さじ1/4
カルダモンパウダー
……小さじ1/2弱

【作り方】

❶肉をつける
ヨーグルトに塩を混ぜ、牛すじを入れ、チャック付きポリ袋で30分～1時間漬け込む。
Point なるべく空気が入らないように漬ける。重石を置くとよい。
Plus One カルダモンやクローブのパウダーも混ぜて30分～1時間漬け込むともっとおいしい。

❷ホールスパイスを大さじ3杯の油でカルダモンが膨らんでくるまで熱す。

❸②の油に玉ねぎ、ニンニク、生姜を入れて玉ねぎが茶色く色づくまで炒める。その後トマトを入れて潰しながら炒める。

❹③で水分が飛んでペースト状になったらパウダースパイスを入れて焦げないように30秒ほど混ぜる。

❺舞茸と1の肉をヨーグルトごと入れて牛すじの表面が焼けるまで炒める。

❻牛すじの色が変わったら水200mlを入れて1時間半～2時間弱火で蓋をして煮込む。水が無くなってきたら適宜足す。

❼ししとうを適量散らして完成。

ナスとエリンギのチキンカレー

材料（8 人前）

玉ねぎ……２個
トマト缶……200g
（半缶）
ナス……１個～２個
エリンギ……１個～２個
鶏もも肉……１枚
（300g 程度）
ニンニク……一片
生姜……一片
塩……少々

★ホールスパイス
・クローブ…… ４つ
・カルダモン……6 つ
・カイエンペッパー
　……２つ
・クミン……小２

★パウダースパイス
・コリアンダー
　大さじ……1+1/2
・クミン……大さじ１
・ターメリック……小さじ２
・カイエンペッパー小さじ
　1/2（お好みで）
(カスリメティ　少々)

【作り方】

❶玉ねぎをくし切りにして鍋に入れ、水250mlと塩を少々加えて45分間弱火で蓋をして蒸し煮する。

❷蓋を開けて15分間加熱し、水分をできるだけ飛ばす。

❸別の鍋に油大さじ3～4とホールスパイスを全て入れ弱火で加熱する。（テンパリングする）

❹②の玉ねぎを加えて油と馴染ませ全体が茶色く色づくまで炒める。

❺ニンニクと生姜をすり下ろして加え、中火で混ぜながら加熱する。

❻トマト缶を加え木べらでトマトをできるだけ潰しながら、中火で表面に油が浮いてくるまで加熱する。

❼パウダースパイスと塩を加えて混ぜ、油に馴染ませ、中火で3～5分加熱する。

❽ぶつ切りにしたエリンギと輪切りにしたナスを加え、中火で3～5分炒める。

❾一口大に切った鶏もも肉を加え中火で3～5分炒める。

❿水500mlを少しずつ加え、強火で15分以上煮る。表面に油が浮いてきてお好みの水分量になったら完成。最後に塩で味を整える。ホールスパイスはできたら取り除く。お好みでお皿の上にカスリメティを振りかける。

みなさんのご感想お待ちしています♪

ご感想をいただいた方に、うれしい特典をお届けします！

本書掲載の「イメージマップ　オリジナルシート」は
下記のQRコードかURLからダウンロードできます。

URL
https://d21.co.jp/special/imagemap/

ログインID
discover8603

ログインパスワード
imagemap

QRコード

あとがき

最後まで読んでいただき、ありがとうございました。

カレー、食べたくなりましたか？
カレー、作ってみたくなりましたか？

カレーは国民食として多くの人に愛されている料理で、街にある専門店それぞれにこだわりの味があるように、みなさんのご家庭にもそれぞれ「家庭のカレー」があると思います。

この本に登場する〈喫茶こよみ〉の看板カレー『Gramdma（グランマカレー）』は私が考案したレシピです。実際に、社内で実施したカレー大会で社員にふるまった際には「肉じゃがカレー」とも言われましたが、たくさんの方から「おいしい」と言っ

ていただけました♪

この本では「正しいカレーの作り方」を伝えたかったわけではありません。魔法のノートシリーズ第二弾として『Ｏｎｅチーム』の大切さを伝えたくて書きました。

個人的なことですが、ここ3年ほど前から強い眩暈《めまい》に悩まされてきました。物も二重に見え、歩くのもままならず、辛い日々でした。
手術をしてくれる医師を探しましたが、手術は難しいとの理由で断られ続けました。もうダメか……と諦めかけた２０２０年12月の末、手術をしようと言ってくれる医師と出逢えました！　前例が極めて少ない手術に、周囲には反対する人も多かったですが、私は迷うことなく手術を受ける事を決断しました。
手術後、ＩＣＵの中でうっすら目が覚めたとき医師が「大手術だったけどよく頑張ったね！手術は成功したよ！悪いところは全部やっつけたよ！」と、まるで子どもに話すように笑顔で手を握りながら声をかけてくれました。

私は「ありがとうございます」という言葉もちゃんと言えずに、号泣してしまいました。

その手術後、ＩＣＵの中であることが思い浮かび決断しました。

それは、体制の大きな変更です。

私が病と闘っている間、会社では色んなことが止まってしまっていました。何より「社長がいないと…」という社員の姿勢に危機感を感じ、このままではよくないと思っていたからです。

『そうだ！これからはチームでひとつの目標を達成していこう。』

退院後に早速、Ｏｎｅチームへの考えを一人ひとりの社員と話をしました。

Ｏｎｅチームに体制が変わったことで社内の雰囲気もよくなり、それぞれが目標を実現するために、頑張ってくれています。

私はラッキーだったと思います！　この経験から、さらに健康な生活への意識も強くなりました。

そして、この本の制作も私の体調に合わせてピタッと止まっていましたので、本のテーマを〝本物志向〟から〝Ｏｎｅチーム〟に変更し、構成も変えました。

この魔法のノートシリーズ第二弾が完成したと同時に第三弾のイメージももうできています。

さっそく、イメージマップを作ってＯｎｅチームで進めていきます。

ブルブルくん、次は海外出張だよ(#^.^#)

最後にこの書籍の制作にあたり尽力下さった
池邨麻衣さん、伊藤友紀子さん、田宮理瑚さん、桃原海生さん、
ありがとうございました。

これからもラッキーな事が続く予感がしています！
みなさんも『魔法のノート』で夢の叶え方を実践してみてくださいね。
「今日もいい日でありますように！」

角谷 建耀知

【著者紹介】

角谷《かくたに》 建耀知《けんいち》

株式会社わかさ生活　代表取締役社長。

幼少時の事故が原因で18歳の時に脳腫瘍の大手術を受け、命と引き換えに視野の半分を失う。

その後、「自分のように目で困っている人を助けたい」という想いから1998年に株式会社わかさ生活を創業。サプリメントの研究開発および企画、販売を手掛ける総合健康企業。

〝ブルーベリーで世界一〟を合言葉に確かな品質を追究し続け、現在では全国340万家族に愛飲されている。（2021年6月時点）

盲導犬育成支援、児童養護施設支援、震災被災地支援など、さまざまな社会貢献活動も行っている。

著書に「女子高生と魔法のノート」や「花鈴のマウンド」などがあり、現在は健康雑誌「若々」も発刊している。

特別感謝

この書籍は、たくさんの人の支えで出来ています。本当にありがとうございます。

文章構成　伊藤友紀子　桃原海生　田宮理瑚　池邨麻衣
編集　戸田友里　石田里沙子　小鯖麻衣子
表紙イラスト　浦谷麻美　関口瑠奈　谷口知愛

夢を叶えるイメージマップの創り方

発行日 2021年 7月20日 第1刷

Author 角谷 建耀知
Supervision 京大カレー部（レシピ監修）
Illustrator 浦谷麻美 関口瑠奈 谷口知愛
Book Designer 工藤政太郎

Publication 株式会社ディスカヴァー・トゥエンティワン
〒102-0093 東京都千代田区平河町2-16-1 平河町森タワー 11F
TEL 03-3237-8321（代表）03-3237-8345（営業）
FAX 03-3237-8323
https://d21.co.jp/

Publisher 谷口奈緒美
Editor 村尾純司（編集協力 株式会社ナイスク）

Store Sales Company
梅本翔太 飯田智樹 古矢薫 佐藤昌幸 青木翔平 青木涼馬 小木曽礼丈 越智佳南子 小山怜那
川本寛子 佐竹祐哉 佐藤淳基 副島杏南 竹内大貴 津野主揮 直林実咲 中西花 野村美空
廣内悠理 高原未来子 井澤徳子 藤井かおり 藤井多穂子 町田加奈子

Online Sales Company
三輪真也 榊原僚 磯部隆 伊東佑真 大崎双葉 川島理 高橋雛乃 滝口景太郎 宮田有利子
八木眸 石橋佐知子

Product Company
大山聡子 大竹朝子 岡本典子 小関勝則 千葉正幸 原典宏 藤田浩芳 王廳 小田木もも 倉田華
佐々木玲奈 佐藤サラ圭 志摩麻衣 杉田彰子 辰巳佳衣 谷中卓 橋本莉奈 牧野類 三谷祐一
元木優子 安永姫菜 山中麻吏 渡辺基志 安達正 小石亜季 伊藤香 葛目美枝子 鈴木洋子
畑野衣見

Business Solution Company
蛯原昇 安永智洋 志摩晃司 早水真吾 野崎竜海 野中保奈美 野村美紀 羽地夕夏 林秀樹
三角真穂 南健一 松ノ下直輝 村尾純司

Ebook Company
松原史与志 中島俊平 越野志絵良 斎藤悠人 庄司知世 西川なつか 小田孝文 中澤泰宏 俵敬子

Corporate Design Group
大星多聞 堀部直人 村松伸哉 岡村浩明 井筒浩 井上竜之介 奥田千晶 田中亜紀 福永友紀
山田諭志 池田望 石光まゆ子 齋藤朋子 福田章平 丸山香織 宮崎陽子 岩城萌花 内堀瑞穂
大竹美和 巽菜香 田中真悠 田山礼真 常角洋 永尾祐人 平池輝 星明里 松川実夏 森脇隆登

Printing 大日本印刷株式会社

ISBN978-4-910286-03-7 ©0030, 2021, Printed in Japan.

あなたもイメージマップを創って
夢を実現してみませんか?

角谷建耀知